立德树人 教书育人
——高校课程思政创新实践

张建利 陈 兵 主 编
谭 璐 唐 堰 丁 琳 副主编

立信会计出版社
LIXIN ACCOUNTING PUBLISHING HOUSE

图书在版编目(CIP)数据

立德树人　教书育人：高校课程思政创新实践 / 张建利，陈兵主编. —上海：立信会计出版社，2023.11
ISBN 978-7-5429-7363-4

Ⅰ. ①立… Ⅱ. ①张… ②陈… Ⅲ. ①高等学校—思想政治教育—教学研究—中国 Ⅳ. ①G641

中国国家版本馆 CIP 数据核字(2023)第 235612 号

策划编辑　赵新民
责任编辑　杨　娟
助理编辑　汤　晏
美术编辑　吴博闻

立德树人　教书育人——高校课程思政创新实践
LIDE SHUREN JIAOSHU YUREN GAOXIAO KECHENG SIZHENG CHUANGXIN SHIJIAN

出版发行	立信会计出版社		
地　　址	上海市中山西路 2230 号	邮政编码	200235
电　　话	(021)64411389	传　　真	(021)64411325
网　　址	www.lixinaph.com	电子邮箱	lixinaph2019@126.com
网上书店	http://lixin.jd.com		http://lxkjcbs.tmall.com
经　　销	各地新华书店		
印　　刷	浙江临安曙光印务有限公司		
开　　本	710 毫米×1000 毫米　　1/16		
印　　张	15		
字　　数	238 千字		
版　　次	2023 年 11 月第 1 版		
印　　次	2023 年 11 月第 1 次		
书　　号	ISBN 978-7-5429-7363-4/G		
定　　价	65.00 元		

如有印订差错，请与本社联系调换

前言

2016年12月，习近平总书记在全国高校思想政治工作会议上指出，做好高校思想政治工作……要用好课堂教学这个主渠道，思想政治理论课要坚持在改进中加强，提升思想政治教育亲和力和针对性，满足学生成长发展需求和期待，其他各门课都要守好一段渠、种好责任田，使各类课程与思想政治理论课同向同行，形成协同效应。2020年，教育部印发的《高等学校课程思政建设指导纲要》明确指出，"全面推进课程思政建设是落实立德树人根本任务的战略举措"，"立德树人成效是检验高校一切工作的根本标准。落实立德树人根本任务，必须将价值塑造、知识传授和能力培养三者融为一体、不可割裂。全面推进课程思政建设，就是要寓价值观引导于知识传授和能力培养之中，帮助学生塑造正确的世界观、人生观、价值观"，"要紧紧抓住教师队伍'主力军'、课程建设'主战场'、课堂教学'主渠道'，让所有高校、所有教师、所有课程都承担好育人责任，守好一段渠、种好责任田，使各类课程与思政课程同向同行，将显性教育和隐性教育相统一，形成协同效应，构建全员全程全方位育人大格局"。

2019年和2020年，上海立信会计金融学院金融学院先后入选首批上海高校课程思政重点改革领航学院和"三全育人"综合改革试点学院。金融学院近些年推出了一系列课程思政建设举措，通过探索实践，金融学院教师课程思政教学的意识和能力持续增强，课程思政已覆盖所有课程、融入课堂教学全过程，课程育人功能显著提升。

党的二十大报告指出，要"坚持为党育人、为国育才，全面提高人才自主培养质量"，"要办好人民满意的教育……全面贯彻党的教育方针，落实立德树人根本任务，培养德智体美劳全面发展的社会主义建设者和接班人"。为更好地学习和贯彻党的二十大精神,推进课程思政建设,提升立德树人工作成效,金融学院在前期课程思政建设工作基础上,通过征集课程思政教研论文和教学案例并使之成书出版,推动教师进一步总结课程思政教学经验,凝练成果,推进课程思政建设的交流,为兄弟院校提升课程思政建设和人才培养质量提供一点参考。

受编者水平所限,书中难免存在不足和疏漏,恳请各位专家学者和广大读者批评指正。

编　者

2023 年 11 月

目录
CONTENTS

上篇　论文

职业操守对金融类学科教学的价值引领　　　　　　　　　　　　杨尔稼　003

新文科背景下外汇交易实务课程线上线下混合式金课建设实践

　　　　　　　　　　　　　　　　　　　　　　　　　　　　贺　刚　009

思政元素在线上教学中的运用探析

　　——以应用型财经类高校的经济学类课程为例　　　　　　管承瑜　015

以 Matlab 为工具的金融大类课程思政探索　　　　　　　　　吴客彤　022

新文科建设下高校经济类课程思政教育现状及影响因素研究

　　　　　　　　　　　　　　　　　　周新辉　王润文　孟可欣　031

金融伦理和行业初心

　　——我国金融学科课程思政本土化思政元素的挖掘与探究　邹兆敏　049

金融风险管理课程开展思政教学改革探讨　　　　　　　　　　尚秀芬　059

深化课程思政育人成效，巩固拓展高校党史学习教育成果　　　孙　俊　065

商业银行学课程思政实现路径及未来发展探究　　　　　　　　潘　慧　073

金融科技公司的经营与监管课程思政教学探索与实践

　　　　　　　　　　　　　　　　　　　　　　　刘　运　陈　兵　080

全英语专业课课程思政实施路径研究

　　——以公司金融（全英语）课程为例　　　　　　　　　　吴　艳　089

下篇 实践

亏损节税：金融工具创新的初心与使命	张珺涵	097
躬行践履，立人兴邦		
——证券投资学课程思政教学案例	张 云　杨凌霄	104
"三全育人"视野下大学生就业形势的理性分析	卢挚飞	114
智能投研实验教学中的思政案例研究	韩 云　李昕宸	119
基于课程思政的收益率曲线计算实验教学设计	陈修兰	127
嘉实投顾：人工智能能否助力基金业务转型升级	葛璐澜	145
慈善信托在第三次分配中的作用讨论案例	周珊珊　黄 燕	153
金融科技的"亿亩田"也是金融的"一亩田"	魏 玮	159
金融工程学的鼻祖——雷格纳特的生平和启示	浦江燕	165
银行理财产品的创新与发展	伦晓波	171
基于思政育人的金融礼仪课程案例设计	王云鹤	180
"中航油事件"的教训和启示	郑 伟	188
2022年上半年人民币汇率中期贬值趋势分析	焦 武	195
"金融诅咒"的危害以及对上海国际金融中心建设的思考	邹兆敏	202
新时代背景下思政课程与就业指导相融合的教学实践探索	杨婷婷	210
职业规划与就业指导课助力学生探寻人生价值	陈 昱	216
"修业必先修德"		
——浅谈金融行业的伦理道德规范	谭 璐　张建利	223
金融伦理与职业道德"课程思政"典型教学案例		
——以河南村镇银行事件为例	黄婉迪　王瑞琦	229

上篇 论文

职业操守对金融类学科教学的价值引领

杨尔稼

摘要： 金融类学科本质上属于社会科学范畴，尽管现代经济学、金融学在方法论上引入了自然科学研究的公理化体系，借用了大量的数理分析工具以及计量、实证手段，但这些方法本身只能回答"是什么""会怎样"这些基于事实的问题。对金融类学科更为重要的问题则是"应如何""如何做"的问题。对这类问题的回答必然涉及价值性判断、价值导向这些不能够诉诸数理逻辑的问题。而对这一类问题的回答又将直接关系到"为谁培养""如何培养""培养成谁"这些对于金融类学科教学绕不开的根本问题。本文认为在回答上述问题时，应当充分吸收金融行业的职业道德与职业操守。良好的职业道德与职业操守反映了从微观层面的客户、公司、合作伙伴到中观层面的金融市场、行业再到宏观层面的宏观经济及社会主义建设的基本要求。在金融学教学中结合不同课程的特点，将职业道德与职业操守有机融入课程体系中去，不但能够使同学们知道"为什么"，更能清楚"如何做"。而这对于成功的金融学教学而言是不可或缺的。

关键词： 价值引领；职业操守；金融教学

一、金融学教学需要回答"应如何""怎么做"的问题

目前，我国绝大多数高校的金融类学科设置都承袭了美、英等国的学科体系，这一体系具有一个鲜明的特点，即强调对事实的描述，弱化对价值的取舍。

美、英等国的金融类学科借鉴了大量的数学、物理等公理化体系作为

其基础，引入大量的数量分析工具，侧重于对经济、金融现象来龙去脉的分析，主要解决了"是什么""会怎样"的问题。从这一角度而言，金融类学科的科学性得到了一定的提升。经济学、金融学的预测效力比之从前也有了较大的进步。

然而这一体系也有几个难以忽视的重大缺陷，这些缺陷在我们引入西方金融类学科设置的过程中也都照单全收了，具体表现为：

第一，将美、英经济、法律等制度安排作为前置条件，不讨论其合理性。在这一前提下展开对经济、金融的分析，导致许多结论并不能简单地移植到我国，同时我国的很多经济现象也很难直接从西方理论中寻找答案。更为重要的是，将美、英的经济制度作为前置条件会给学生造成一种错觉，即美、英的经济制度是完美无瑕，不需要批判的。而这对于引导学生辩证科学地看待经济、金融现象，践行社会主义核心价值观，争做社会主义合格建设者无疑具有负面影响。

第二，缺少价值判断及人文关怀。金融学及相关学科本质上属于社会科学领域。而社会科学与自然科学的主要区别就在于社会科学离不开价值判断、价值取向。无论建设一个什么样的经济体系，市场经济、分配制度、激励制度等，都离不开对各个经济参与主体利益的平衡，而这一点在美、英等国的金融学体系中是鲜少涉及的。例如，宏观经济学在讲短期菲利普斯曲线时描述了失业率与通胀率成反比关系，这属于对现象的描述。然而，作为一门社会科学，宏观经济学仅仅停留在这一点上是远远不够的。如何在失业率与通胀率间进行权衡取舍是更为重要的问题，失业、通胀都会对社会福利产生损害，如何让这种损害尽可能地降低，范围尽量缩小？对这些问题的回答则离不开价值的判断。

因此，从建设适合于新时代中国特色社会主义建设的金融类学科的角度，我们必须强调"价值导向"，也就是"应如何""怎么做"的问题。

所谓"应如何""怎么做"实际上反映的是我们应当建设一个什么样的金融市场。从宏观层面而言，这包括金融市场的软硬件环境诸如制度安排、硬件设施、监管配套；从微观层面则涉及应当培育什么样的金融市场参与者，金融机构、投资者、金融市场中介各自应当在金融市场中发挥什么样的作用，通过什么样的价值导向、行业规则、职业道德等引导相关主体的行为，为我国建设高水平开放型的金融市场贡献力量。

二、职业道德与金融学科的有机结合是课程思政的重要手段

金融业发展对于国民经济的建设具有重要意义，以此为目标，金融行业形成了一些十分重要的行业规范、职业道德要求，这些规范无一例外地对于金融从业人员的行为给出了明确的指引，能够在一定程度上回答传统金融学科所欠缺的"应如何"与"怎么做"的问题。

（一）建设金融类学科普适性的职业道德与职业操守相关课程

诚实守信、独立性、客观公正是金融从业的基本要求。应当设立基础性的金融类学科职业道德、职业操守相关课程，在课程中针对诚实守信、独立性、客观公正等品格进行详细的介绍与实践运用。

从课程的设置来看应当至少包括如下四个部分：第一，对职业操守概念的解释与说明；第二，行为指南，即对职业操守在不同环境中的具体应用给出详细的指引与解释；第三，最佳实践，即对行业提倡的实践进行介绍；第四，案例运用，即通过收集大量实践中真实发生的典型案例来展示相应职业操守、职业道德具体是如何进行运用的。通过这四个部分的学习，加深学生对于一般性的金融职业道德的理解。

除此之外，教师应当对不当行为进行专门介绍，在对典型案例分析的基础上，总结不当行为的特征、诱发因素以及相应后果，起到警示效果。

（二）结合各个课程自身的特点融入特殊职业道德、职业操守教学内容

除了普适性的金融从业职业道德，还有很多职业道德是与特定工作相联系的。教师应当在相应的课程中体现特殊职业道德的重要性。

受托责任、信托责任是资产管理、投资顾问相关业务的生命线。资管行业是一个范围极广且极为重要的金融子行业。客户出于信任，将自己的资金委托给专业的投资管理人员进行投资，获取回报的这一行为即产生了信托责任。信托责任履行的好坏直接关系到资管行业的健康发展并最终影

响资本市场的效率。

银行理财、私人银行、信托、保险资管、券商资管、公募基金、私募基金、第三方财富管理机构这些形形色色的机构投资者无一例外都要履行相应的受托义务。然而现实环境是高度复杂的,这导致受托义务的表现形式多种多样,因此需要系统性地对这一义务的具体表现进行学习。与之相关的课程有金融学、投资学、资产管理、证券投资基金、投资银行等。我们应当从各个课程的特点出发,有机地融入受托责任的相应教学内容。

公平、公正、公开是信息中介的生命线,应当围绕相应的职业道德要求展开教育教学。审计师、资产评估师、信用评级机构、金融分析师等信息中介是金融市场中重要的信息生产中介。这些主体的行为和工作将会直接影响金融市场的效率,投融资功能的发挥,价格发现、风险转移等作用的实现。因此,教师应当在审计学、财务报表与投资估值、资产评估、信用风险、公司理财等相应课程中融入相应的职业道德的内容,通过案例、小组辩论的形式使学生能够身临其境般地体会到实务中面临的困难与解决方法,在学生阶段就帮助其树立正确的价值观。

(三) 针对金融市场业务关系相对复杂的特点,构建利益冲突情景的判断及应对相关课程

金融市场的参与者具有广泛性,金融业务又具有多重交叉性,这就使得金融从业人员在执业过程中难免陷入利益冲突。在面对现实客户、潜在客户、雇主、同事、竞争对手、监管机构时金融从业人员难以做到面面俱到,兼顾各方利益。此时,就应当要求金融从业人员识别其最主要的义务和责任,确认其职业服务的优先顺序,按照利益冲突的实践规范指导自身的职业行为。

在金融类学科的教学中,应当将利益冲突的相关问题引入课程相关的思政模块中去,通过梳理、总结实务中的经典案例,系统性地对利益冲突的类型进行总结,在此基础上设计典型的案例,在授课过程中让同学们通过角色扮演的方式融入情景,鼓励学生积极思考,按照自身的理解做出职业判断与应对。在此基础上,老师通过对事先总结的行业最佳实践进行讲解的方式引发学生的思考，令学生将自己的选择与行业最佳实践进行对比，寻找差异，最终理解利益冲突的重要性以及解决之道。

（四）系统性梳理重要金融机构失败的案例作为职业道德、职业操守教育的参考案例

教师在金融职业道德、职业操守课程的构建中，应当将历史上著名金融机构失败的案例作为相关课程的辅助参考资料。对著名金融机构失败案例的系统性分析，表明操作风险是诱发金融机构失败的一个重要因素。巴林银行、信孚银行、三井住友银行、安然事件等事例表明，内部人员不当行为、违规操作、欺诈渎职等都可能对金融机构产生重大负面影响。当前金融行业的许多职业规范正是建立在对这些失败案例反思的基础之上。通过对金融机构失败的典型案例进行提炼总结，可以帮助学生更好地理解金融职业道德、职业操守的重要意义以及具体运用。

三、职业道德、职业操守相关课程的构建要积极吸收中国经济增长奇迹的成功经验

金融学教育的本质是为新时代社会主义建设培养符合德智体美劳要求的现代化金融从业者，这一目标决定了金融学教育教学必须强调价值导向性。

过去，传统金融学教育侧重于引进西方金融学学科的理论及研究成果，侧重于对知识性的内容进行介绍，与此同时也间接地介绍了西方现代经济金融制度。这种学科构架在改革开放的初期、中期是比较恰当的。在这一背景下，积极引进西方经济发展的最新成果和理论，有助于实现"洋为中用"。但是也要看到，改革开放四十多年来，我国的经济发展是在坚持社会主义方向、坚持中国共产党的领导这两个前提下推进的，并且取得了举世瞩目的成就。可以说这与西方资本主义国家的经济发展有着鲜明的区别。积极研究、总结这四十多年我国经济发展规律对于丰富完善社会主义经济金融理论具有重要意义。

当前，金融学科的任务应当与过去有所区别，这一区别首先就体现在

价值引领上。金融学的教育教学要改变过去简单、全盘介绍西方经济体制的教学内容及教学方法，积极总结、提炼改革开放四十多年社会主义建设的成功经验，将中国经济发展过程中形成的价值观、义利观、劳动观、职业观以及社会主义道德观融入金融类学科职业道德与职业操守相关课程中来，力求培养学生的职业认同感、自豪感和使命感。

综上所述，本文认为在当前的金融类学科教学中应当融入金融业职业道德与职业操守的相关思政内容，通过案例分析、角色扮演、情景模拟、小组讨论的形式启发学生思考在金融业执业过程中面临的道德问题与相应规范，使学生在步入社会之前就掌握正确的行业价值观与行为准则，为走出中国特色金融发展之路贡献力量。

参考文献

[1] 梁值."课程思政"视角下高校会计专业的职业道德培育探究[J].商业会计,2022(8)：124-126.

[2] 李娟.金融职业道德课程基于"问题·思辨·构建"模式的教学改革研究[J].中国管理信息化,2021,24(19)：205-206.

[3] 魏蓉蓉.新型企业信用危机背景下高校金融职业道德和风险意识教育研究[J].金融理论与教学,2015(5)：113-115,118.

[4] 叶家宁.职业院校金融人才职业道德教育现状及改进策略[J].教育现代化,2017,4(46)：311-312,318.

新文科背景下外汇交易实务课程线上线下混合式金课建设实践

贺 刚

摘要： 新文科背景下金融专业必修课的课程教学改革已经迫在眉睫，外汇交易实务课程以金课建设的挑战度、高阶性、创新性为标准，探索线上线下混合式教学改革实践，构建课前线上准备、课堂线下线上融合教学、课后线上线下混合教学评测的混合教学模式，总结混合式教学经验，为进一步推动高校课程教学改革做出有意义的探索，以期为培养新文科背景下金融专业人才提供动力。

关键词： 外汇交易实务；混合式教学；金课

2020年11月，教育部新文科建设工作组主办的新文科建设工作会议发布的《新文科建设宣言》指出，新时代新使命要求文科教育必须加快创新发展。财经类高校"新财经"建设是高校新文科建设的重要组成部分，以新文科建设为契机，推进财经教育全面改革，有利于地方高校找准定位、办出特色。而课程质量直接关系到人才培养的质量，金融学是关系国计民生的重要支柱专业，迫切需要探索并构建面向新文科金融专业的人才培养模式。外汇交易实务课程是很多高校金融学专业的实践类专业必修课，在教育部大力推进建设新文科建设和金课建设背景下，外汇交易实务课程的线上混合式金课建设的重要性和急迫性凸显，本文在探索外汇交易实务教学改革的基础上，提出了线上线下混合式金课建设策略。

一、线上线下混合式金课建设的必要性

随着信息技术的广泛应用，高校的传统教学方式也相应发生了变化，

线上教育应运而生,但线上教学可能存在教学资源更新不及时、学生参与度较低、教师的主导作用缺失等缺点。同时,传统的教学方式往往"以教师为中心",课堂氛围较差,学生的主体作用缺失。而"线上+线下"混合式教学模式以"教师为主导,学生为主体",有机融合线下课堂教学与线上教学,构建以能力培养和解决问题为导向的教学模式。

近年来,随着我国金融市场的高水平对外开放的稳步推进,外汇市场也进一步加大了对内对外开放,实现了高速发展。为培养更多合格的外汇从业人才,迫切需要提高相关课程的教学质量,非常有必要把外汇交易实务建设成为一门金课。首先,外汇交易管理办法和规则会根据新形势的变化而调整,外汇交易实务的教学内容也需要紧跟时代节奏进行更新。授课教师需要花费大量时间去完善线下教学内容和构建线上教学体系,学生需要线上提前预习上课课件,课后线上完成作业来巩固所学知识,并且需要线上线下阅读外汇市场相关管理办法和重大事件资料,这些都体现了金课建设的挑战度。其次,该课程应用所学外汇理论知识进行具体外汇交易业务处理,同时培养学生查找分析经济数据能力、掌握汇率影响因素,以及分析判断外汇行情的能力,其较强的应用实践性培养了学生的综合能力,体现了金课建设的高阶性。最后,该门课程内容综合性强,套期保值案例分析和实验项目的操作有助于培养学生的主动性和探究性,体现了金课建设的创新性。

上海立信会计金融学院于1978年开设外汇交易实务课程,为全国最早开设外汇交易课程的学校之一。课程开设至今,课程团队的建设、课程教学内容的确定等都形成了比较完善的体系,这也为该课程建设线上线下混合式金课提供了可行性。

二、线上线下混合式金课教学设计

线上线下混合式教学坚持以"教师为主导、学生为主体"为原则,将线上学习与线下课堂授课有机地融合在一起,多元化深度协同培养新文科应用型金融专业人才。

(一) 课前线上准备

课前准备以设计线上教学内容为主。在开学之前，教师应做好充分的准备工作，在超星网络教学平台把课程教学内容提前建设完毕，包括课程教学大纲、教学计划、教学课件、教学视频、课后习题、实验项目、课程思政、课程阅读资料等。课程教学大纲要紧跟时代步伐，反映前沿性和实用性，依据最新外汇管理政策和办法的变化更新教学内容。教学计划要合理分配线上、线下学时比例及课程每一章节的教学安排。教学课件要覆盖每章的知识点，学生可以提前学习，也可以课堂上使用。每一章的教学视频要分成多个知识点做成 15 分钟左右的微视频，以方便学生们提前学习。课后习题一般包括选择题、判断题等客观题，以便系统自动打分。实验项目针对外汇交易实务课程特点设置。课程思政扩展阅读资料涵盖中国外汇市场重大事件以及最新外汇制度和办法等。

(二) 课堂线下线上融合教学

课堂教学线下为主，结合线上。虽然线上教学有很多优势，但线下教学依然有着不可替代的优势，在金课建设中，我们要把线下和线上教学的优势有机融合起来。外汇交易实务课程线下课堂的学习以外汇交易的应用和实验为主线，通过学科渗透的方式把思政内容与专业知识融合在一起，从专业、行业、国家等维度强化学生的使命担当，使学生树立起正确的世界观、人生观、价值观。

外汇交易实务课程的核心是希望学生掌握外汇交易原理，合理运用外汇交易操作技术，熟悉外汇风险管理等。因此本课程改革后将教学内容分为三个模块，分别为基本原理篇、模拟交易篇和交易分析篇。基本原理篇包含外汇与外汇市场、外汇交易品种、外汇风险管理等外汇交易的基本理论。本模块是本课程的教学重点，重在理论，并且课程思政扩展资料十分丰富，因此线下教学应重点讲授相关外汇交易产品的概念、特点以及应用，并重点围绕"套期保值"和"外汇风险中性原则"展开案例分析，同时在课堂上可以通过线上案例讨论、线上提问、问题抢答、随机、线上测验等方式丰富课堂教学手段，提升学生学习兴趣。模拟交易篇则包含外汇交易机制、个人外汇交易模拟等实务操作知识。本模块重在实践，重点是掌握外汇交易的基本原理，同时进行外汇实盘交易和外汇保证金交易两个实验项目的操作。学生可以在课前准备时在线上学习已经制作好的教学视频，基本了解本部分的实验，同时可以通过学习通平台互动交流。线下课堂教学阶段，教师对实验原理等内容只作简单讲解，重点放在协助学生高质量地完成课堂实验，并组织好深入的课堂讨论，进行答疑解惑及对实验结果的分析。课堂讨论、答疑解惑同样可以借助线上网络平台。交易分析篇包括外汇交易基本面分析和外汇交易技术分析。本模块的重点是通过学习掌握判断外汇市场汇率变化的方法，为外汇交易和风险管理的策略制定提供依据。本模块的内容将理论与实践相结合，因此线下线上教学同等重要。线下主要通过讲授和演示的方式帮助学生掌握基本面分析和技术分析的基本原理和方法，线上则主要通过外汇基本面实验、外汇技术分析实验、综合实验三个实验项目将所学理论知识运用于实践，由实践来检验。实践过程中教师要通过线下讲解和讨论帮助学生解决遇到的疑难问题，帮助学生理清思路，加深对理论的理解。

（三）课后线上线下混合教学评测

课后复习非常重要。线上题库和资料库要及时更新，课后题库有助于同学加深对知识点的理解和掌握。课后阅读资料包括最新外汇市场法规和重大事件，包括"银行间外汇市场交易规则""个人本外币兑换特许业务试点管理办法""适应汇率双向波动，树立风险中性理念"等。另外，教师还可以利用超星网络平台追踪学生的学习状态，有的放矢地发布相关教学资料，实现个性化的导学、督学、促学的教学过程。

为评价教学内容的掌握程度，本门课程设置了过程性和结果性相结合的考核方式，评分方式为百分制。考核分为线上考核和线下考核，各占最终成绩的50%。线上线下考核占比的分布见表1。线上考核的过程性考核方式为视频观看占20%，课后拓展占10%，课后习题占10%，在线签到占20%。线上考核的结果性考核为在线期中测验，期中测验的习题可以通过资料库自动选题组建试卷，也可以通过智能导入把试卷自动导入，考试可以通过乱序试题设置、考试时间控制以及摄像头监控等保证考试的公平性。线下考核的过程性考核为课堂实验，占比 40%，主要是完成 4 个课程实验以提高学生对所学知识的理解和动手能力，线下考核的结果性考核为综合实验报告，占比 60%，目的是通过撰写综合实验报告检验学生的实践能力和知识综合运用能力。

表 1 线上线下成绩考核分布

考核方式	组成部分	占比
线上考核 50%	视频观看	20%
	期中测验	40%
	课后拓展	10%
	课后习题	10%
	在线签到	20%
线下考核 50%	课堂实验	40%
	综合实验报告	60%

三、总结与思考

新文科背景下的外汇交易实务线上线下混合式金课建设是本科教学改革的核心环节，混合式教学对于教师和学生来说都具有挑战性，需要时间适应。教师需要在实践中不断总结和提高。

首先，教师要提前充分做好备课工作，提前准备好线上教学的相关资料，要学会组织教学讨论、点评，批改平台上学生的提问、讨论和作业，对教学过程和教学成效进行反思，及时对授课内容进行更新、提升。只有如此，才能保证混合式金课的教学质量。其次，教师要讲明混合式教学的特点，学生提前认真预习好线上课程内容是混合式教学顺利进行的前提。学生要端正学习态度，认真学习线上提供的教学视频、课程思政案例、课程实验等内容。最后，对于混合式金课的建设不能只重视线上课程的建设，相比线上而言，线下课堂教学依然应该是金课建设的主战场，所以教师也要重视线下课堂教学设计，重点的授课内容在线下授课时要重点讲解，对于学生线上反映的疑难问题采用"翻转教学"的教学方式，并通过案例讨论、师生互动等方式提升课堂教学效果。

总之，在新文科背景下，混合式教学不应该成为线上和线下教学的拼凑，而应该是两者在教学设计与管理等方面的深度融合。只有线上线下教学做到优势互补、相互促进，才能充分激活教学资源的价值，完成教学目标，培养出优秀的外汇交易人才。

参考文献

[1] 李海东,吴昊.基于全过程的混合式教学质量评价体系研究——以国家级线上线下混合式一流课程为例[J].中国大学教学,2021(5):65-71,91.

[2] 林标声,陈小红,沈绍新,等.疫情常态化下"发酵工程"线上线下混合式教学模式的改革与探索[J].微生物学通报,2021,48(11):4450-4458.

[3] 柏金,王谦.工程热力学线上线下混合式教学模式的构建与优化[J].高等工程教育研究,2019(23):283-285.

[4] 王月芬.线上线下融合教学:内涵、实施与建议[J].教育发展研究,2021,41(6):19-25.

[5] 黄震方,黄睿,侯国林.新文科背景下旅游管理类专业本科课程改革与"金课"建设[J].旅游学刊,2020,35(10):83-95.

[6] 薛山,江文辉,李变花.新工科浪潮下四段式混合教学金课建设探索与实践——以《食品安全与卫生学》为例[J].食品与发酵工业,2020,46(10):303-308.

思政元素在线上教学中的运用探析
——以应用型财经类高校的经济学类课程为例

管承瑜

摘要： 本文针对应用型人才的培养模式，分析了当前课程思政背景下，财经类院校课程教学的现状以及教学改革的意义，提出思政元素融合经济类学科教学改革的建议。高校教师只有将思政教育贯穿于教学的全过程，坚定立德树人理念，才能培养出经世致用的高素质人才。

关键词： 思政教育；线上教学；思政元素

在全国高校思想政治工作会议上，习近平总书记对广大教师提出殷切期盼："要用好课堂教学这个主渠道，思想政治理论课要坚持在改进中加强，提升思想政治教育亲和力和针对性，满足学生成长发展需求和期待，其他各门课都要守好一段渠、种好责任田，使各类课程与思想政治理论课同向同行，形成协同效应。"作为应用型财经类高校，需要进一步将经济学类课程与思政教育融合。在教学过程中，高校教师要进一步挖掘思政元素，避免思政教育与学科教育脱节，将思政教学落实到每一节课程中。

一、高校经济学类课程的思政教育现状

（一）经济学类课程与思政教育脱节

经济学类课程一般为应用型财经类高校的核心课程，部分教师在授课时只注重知识传授以及实务操作训练，对于思政教育的重要性认识不足，认为其可有可无，这样的认知有失偏颇。基于应用型财经类高校高水平应用型人才的培养目标，思想政治教育工作可谓十分重要，良好的经济学素

养必不可少。如果忽视了学生的思想品德教育，学生的爱国主义教育得不到加强，家国情怀得不到滋养，学生的综合素质将很难得到提高，难以为国家培养出应用型、创新型的人才。为此，首先应该提升教师团队整体的思政素养，为学生树立榜样，向学生传递积极的价值观和世界观，真正培养出为国为民、经世致用的人才。

（二）思政教育缺乏吸引力

当前高校的思政教育存在一些问题，主要表现在思政元素单一、思政教育的形态单调、思政内涵亟待丰富等方面。这一代大学生个性鲜明，接受事物的渠道广泛，非常容易忽视自身的思想道德建设。

（三）线上授课机遇与挑战并存

当前，线上授课在高校授课体系中所占比重逐渐加大，这对于全体师生都是一次不同的尝试。线上教学对思政教育课程改革有着积极影响，具体而言，教师摒弃了单向灌输知识的教学方式，通过文字、图片、视频等多种形式与学生互动，提升了思政教育的趣味性；线上平台可对学生学习状况进行实时监测，有利于提高思政教育的质量。

与此同时，线上思政教育也面临挑战：高校教师需要在浩如烟海的资源库中选取适合的教学资源，在云平台根据学情整合资源、优化内容，并巧妙地融入经济学类课程。同时，教师需要适应从"面对面"到"屏对屏"；对学生而言，"网课"与线下课堂的学习氛围存在很大差异，学习效果很大程度上取决于学生的自我约束力。

二、思政元素融合经济学类课程教学改革的意义

（一）提升德育美育意识

教师在教学过程中不能只注重经济学技能的讲授与经济学素质的培养，更要注重对学生综合素质的提升；不能唯分数论，要在课程中融入思政教育。无论教师所教授的课程是什么类型，都要始终坚持将思政教育贯穿于经济学教学的全过程，将"立德树人"四字融入课堂点滴，使高校学子能够接受全面、全方位的德育和美育。高校教师在课堂上应当牢牢把握

政治方向，需要将思政元素与课堂实际相结合，确保每一节课程中都引入对学生正确价值观的引导。

（二）发挥多学科优势

随着社会多元价值的渗透和凸显，学生的品德与综合素质也被纳入考量范围。高校教师在日常授课过程中，对大学生进行积极正确的价值引导尤其重要。但这种价值引导不应该单纯地依赖高校思政课的作用，而应发挥高校的多学科优势，将思政教育的点点滴滴渗透在课程教学之中。通过"思政教育+经济学"的创新模式，可发挥多学科交叉的优势，营造适合应用型、创新型人才成长的环境，着重培养学生的高素质与家国情怀。

（三）培养社会服务导向

美国教育家欧内斯特·博耶在一项调查报告中针对大学课程的设置指出："在多样化中，必须强有力地肯定社会集体的要求。这意味着本科生教育要帮助学生超越自己的个人利益，了解他们周围的世界，发展公民责任感和社会责任感，并发现他们作为个人如何才能对社会做出贡献。"我国的高等教育有着同样的追求——培养具有责任感与服务精神的、面向社会的人才。财经类高校开设的学科多解决社会经济问题，对人类发展与社会进步均有着非凡意义，其与思政元素的融合将是高校思政课实践探索的重要一环。一方面，经由思政教学，大学课堂与社会大事件产生关联，学生会感受到个人的成长与集体乃至是整个民族相连接，从而能够树立奉献意识和大局观。另一方面，教师在开展课程设计时，思政教育与社会需求产生联系，从而使得经济学教学具有社会服务的导向。

三、思政元素融合经济学类课程教学建议

财经类应用型高校的思政元素融入经济学课程的教学改革，需要严格把握立德树人的总体要求、符合学生的成长节奏以及思想政治教育的规律，改变传统课堂只传授知识、培养经济学能力的教育模式，逐渐转变为对学生的价值引领。思政教育元素的内核非常丰富：理想信念教育、爱国主义教育、社会主义核心价值观教育、中华民族优良传统道德教育、优秀

传统文化教育等。通过多样的形式、恰当的教学资源的选取，发挥线上课程的优势，将思政融入高校经济学类课程的传授，并在教学改革中不断实践。具体建议如下。

（一）培养综合素养过硬的教师团队

对于高校思政教育，部分教师目前存在认知偏颇、对思政教育的重要意义认识不足等问题，现阶段需要注重培养一线教师的思政意识和思政理念。北京教育系统关工委主任张雪提道："思政课或者思政工作现在面临着两大难点，一个是如何做到真正入脑入心，另一个就是知行合一。要解决这些难题，首先要求教师本身就应该是一个有信仰、有情怀的人，要有人格魅力。"教师自身是否有立德树人的育人意识、过硬的综合素养和能力，很大程度上决定着思政元素融合经济学课程的教学改革之路能否顺利推进。一名合格的高校教师既要有较高的业务水平，更要有较强的思政意识和过硬的政治素质。在培养学生的过程中，教师不能只注重学生的学业成绩，更要重视学生德育美育等综合素质的培养，以为国家培养德才兼备的优秀人才为己任。

（二）教学大纲融入思政元素

教学大纲明确划定了学生需要掌握的经济学理论知识与基本应用技能。教学大纲是教师进行教学工作的主要依据，是学生了解课程、走进课程的第一步。所以教师在修订经济学课程教学大纲时，应当有意识地将课程的培养目标与思政元素充分融合，将"经世济民""诚信服务""德法兼修"等思政元素与经济类课程的融合，帮助学生树立正确的世界观、人生观和价值观。针对教学中的重点、难点，通过引入案例、结合学生生活实际等形式，在引导学生掌握经济学知识的同时构建正确的价值观。

以我校经济学教学大纲的制定为例，在供给、需求以及价格一章中，可以引入中国国际进口博览会（以下简称进博会）案例分析"我国高水平对外开放"的现状，从而引导学生讨论进博会期间我国的价格管制政策，思考支持价格和限制价格的意义和缺陷，最终对"价格改革是经济体制改革成败的关键"形成清晰而深入的认识和理解。

（三）找到恰当的融入点

思政元素融合经济学课程的教学改革需要避免僵化，高校教师应当寻找到恰当适宜的切入点和融入点，这要求财经类高校的主讲教师结合经济学类课程的自身特点，摒弃传统的灌输式的单向教学模式，在授课的内容当中融入德育美育、融入传统文化、融入道德价值和情感教育，通过思政授课的教学改革，帮助学生在心智高速成长的阶段树立起爱国爱民的大格局。

以我校经济学的基础课程为例，可以将思政元素和经济学课程巧妙融合，让学生容易接受，并且进一步促进学生对课程的深入理解。经济学基础课程包含微观经济学和宏观经济学等。经济学以经济现象与经济规律为研究对象，向学生讲授价格理论、消费者行为、收入分配理论、失业与通货膨胀等基本原理。教师可以从诸多方面进行思政元素与课程的融合，如在讲授消费者行为理论时，可以融入文化元素，从我国文化产业发展的特殊与一般认识规律切入，引导学生树立大国自信；而在讲解宏观经济政策时，以中国特色社会主义经济发展观、绿色发展观、供给侧结构改革等作为融入点，为学生生动阐释宏观经济总量、宏观经济政策等内容，使经济学教学具有更好的启发性。

（四）扩展思政教育的考核面

在传统教学中，教师针对学生的课程考核通常只注重学生是否掌握经济学知识技能，而在思政融入学科课程的教学改革后，应当将思政元素的考核融入课程考核环节。思政课程教学改革可以采用以学生活动为主的教学方式，充分发挥学生的主体地位，教师对课程全方位的把控应当逐步转变为学生主体参与、教师辅助的模式，传统的"一考定终身"的考核方式也不应被提倡，而应在平时同样对学生表现做出评定，逐步向开放灵活、丰富多样转变。

结合线上教学平台的便捷优势，采用论文写作、小组案例分析等方式进行学科考核，以此考察、衡量学生的德育状况，一旦发现有学生存在价值观、世界观等方面的问题，及时进行思想引导。此外，将思政元素融入经济学教学的成果，可以通过线上分组课堂讨论、小组作业、小组展示等进行检验。通过多样的方式拓宽思政教育的考核面，构筑更加全面、客观、准确的考核体系。

（五）利用线上优势创新

当前，思政教学要求高校教师充分发掘线上教学的特色与优势，深入研究学生学情，不断改革教学模式，创新教学方法，用学生喜闻乐见的方式提高思政教育的吸引力与课堂活力。高校要充分发挥线上课程的优势，实现思政元素和经济学课程融合，可以从以下几个方面努力。

一要适应场景转换。教师应当积极适应教学场景的转换，从面对面的沟通变为线上沟通，让网络技术为教学内容服务。

二要从线上资源中挖掘思政元素。线上教学模式为教师提供了海量的思政教学资源，这要求教师对线上资源所蕴含的经济学原理有深刻的把握，并对其中的思政元素进行提炼。如反映中国共产党波澜壮阔发展史的《觉醒年代》、歌颂伟大斗争精神的《金刚川》、展现我国扶贫成果的《山海情》等，都可以成为线上教学的素材，以此增强学生的参与感，最终形成教师与学生的双向互动。

三要注重内容创新。教师应当根据教学大纲精选教学内容，设计出体现家国情怀的教学方案，通过思政内容的选取与创新提升教学质量。如在讲解影响经济增长的因素时加入案例：在新冠疫情的影响下，中国是2020年世界几个主要经济体中唯一经济增速为正的国家。通过线上平台发布讨论题目、带领学生观看纪录片等方式，让学生更加认同中国发展道路的优越性，增强学生对我国经济发展的道路自信、制度自信。

四要发挥多平台优势。高校教师应当以教学质量为核心，使用学习通、钉钉、腾讯会议等多种授课平台，利用其不同优势建立起学生学习成果的评价体系，从而能够及时得到教学反馈。

四、结语

当前世界正在经历着转型，扎实的经济学基础是大学生服务社会的必要条件，而良好的综合素质是大学生的立身之本，思政教育恰恰是培养大学生综合素质不可或缺的部分。应用型财经类高校课程更应融入思政元素，利用线上教学的模式，探索思政融入经济学类课堂的途径。根据经济学学科的自身特点，在课程教学的各个环节中融入思想政治教育的元素。每一门课都应该做到既有知识传递，又有价值引导，将立德树人贯穿于教学的每个环节。

参考文献

[1] 杨守金,夏家春."课程思政"建设的几个关键问题[J].思想政治教育研究,2019,35(5):98-101.

[2] 牛晓靖.浅谈"大思政"教育格局下高校思想政治理论课实践教学模式构建[J].青年与社会,2019(30):191-192.

[3] 李薇薇.新时代高校思政课实践教学:意义、需求与回应[J].北京教育(高教),2021(2):49-51.

[4] 樊未晨,叶雨婷,孙庆玲.新时代思政教育让年轻人有"芯"也有"心"[N/OL].中国青年报,(2020-05-27)[2022-12-25].https://baijiahao.baidu.com/s?id=1667794062894545955&wfr=spider&for=pc.

以 Matlab 为工具的金融大类课程思政探索

吴客形

摘要： 本文从课程教学大纲制定者和执行者的角度出发，对 Matlab 与资产组合课程进行课程思政创新，从而使学生在掌握专业技能的同时，了解党中央的最新理论方针政策和决策部署，成为社会主义合格建设者和可靠接班人。

关键词： Matlab；课程思政；优秀人才

一、问题背景

习近平总书记强调："我国高等教育要紧紧围绕实现'两个一百年'奋斗目标、实现中华民族伟大复兴的中国梦，源源不断培养大批德才兼备的优秀人才。"中华民族的伟大复兴，需要实体经济和金融市场的共同繁荣与持续发展。如果把实体经济比作人体的各个器官，那么金融体系就是在这些器官之间分配资源的循环系统。人体的健康发展离不开各个器官的相互协调与配合，离不开循环系统对各器官的支持与辅助。国家的繁荣离不开各个经济部门的彼此合作与共赢，离不开金融系统的资源分配与协调。

然而，从目前我国金融类毕业生的就业情况来看，我国高校的金融类毕业生供给与社会对金融类人才的需求严重不匹配。这主要体现在两个方面：一方面，从规模上看，由于金融类专业连续多年扩招，毕业生的供给数量高于市场的需求数量，从而使金融类学生的就业变得困难；另一方面，从结构上看，金融机构对高技能应用型人才的需求持续增加，而高校的供给却严重不足，这影响了金融市场的发展，使其难以满足实体经济对多元化金融服务的需求。因此，向社会供给高技能应用型人才，成为财经类高校"供给侧"改革亟待解决的核心问题。

Matlab作为一款专门用于科学计算的软件，全球有数以百万的工程师和科学家使用该软件来开发、设计和分析产品。早在1998年，Mathworks公司就推出了金融工具箱，并将其作为拓展包与Matlab5.2一同发售。到2022年，Matlab已经迭代到9.13（即2022b版），其搭载金融工具包经历了52次迭代，相应的功能也变得更加完善。由于其强大的计算能力，越来越多的金融机构使用该软件来处理金融数据和设计金融产品，市场对同时具备金融学科知识和Matlab开发能力的高技术应用型人才的需求持续增加。中国大陆的量化基金诞生于2004年，分别是光大保德信量化核心基金和上投摩根阿尔法基金，在2008年次贷危机之后，具有海外量化背景和理工科背景的人员开始加入我国的公募基金，为我国金融机构带来了丰富的投资策略与量化工具。2010年沪深300指数期货上市，为我国的量化从业人员带来了可靠的对冲工具，拓展了量化交易策略的可操作空间，开启了我国的量化投资元年。随后，各类量化对冲基金遍地开花，对量化人才的需求也与日俱增。为适应市场的需求，上海立信会计金融学院开设了多门基于Matlab的金融类课程。

本文以本科生课程Matlab与资产组合（以下简称本课程）为例，将财经高校的课程思政建设作为分析对象，认真梳理具有跨学科属性的金融类课程的教学思政案例，初步提出了以思想建设为导向、以专业技术为目标的课程思政建设措施，在提高学生实践能力与技术水平的同时，帮助其了解党中央的最新政策，使学生在专业技能与思想政治觉悟上与时俱进，实现"为祖国培养拥护中国共产党领导、爱岗敬业的应用型优秀人才"的教学目标。

二、课程设计与思政建设

(一)课程设计

本课程的主要任务是通过使用 Matlab 中的金融工具包构建资产组合,提高学生的量化交易技术水平。由于选修本课程的学生来自金融学院的各个专业和不同年级,他们对专业课和 Matlab 的掌握程度也不一样,因此本课程主要分为两个部分:Matlab 的基础介绍和 Matlab 金融分析工具的介绍。考虑到课时只有 16 学时,因此课程设计者将 Matlab 基础介绍压缩至 8 学时,内容包含语言基础、数据可视化和编程基础。对于有 Matlab 编程经验的学生,这些内容可以帮助他们系统地回顾和复习相关知识,对于没有 Matlab 编程经验的学生,这部分内容能够让他们在较短的时间内掌握 Matlab 的语言体系和特点,达到快速入门的目的。在结束 Matlab 的基础学习课程之后,学生将进入资产组合的构建环节,内容包括数据清洗、资产组合理论及其 Matlab 实现,该部分为 8 个学时,其中数据清洗是金融量化从业者所必备的技能,这些技能需要综合使用 Matlab 基础介绍中的各种数据结构和流控制语句,并通过数据可视化工具来辅助建模。

(二)思政建设

本课程从思政案例选择思路与教学改革探索两个方面出发,阐述如何将思政案例与课程内容紧密结合,在提高学生专业水平和应用能力的同时,培养学生的爱国情怀与敬业精神,实现提升思想政治觉悟与提升专业技能的有机统一。为了实现技能提升与思政教育并重的教学目标,教师在选择思政案例时,需要做到紧跟时事,并且在主旨思想与表现形式上,与课程内容保持较高的一致性;教师在讲授知识点的同时,将思政案例与知识点巧妙结合、自然过渡。根据本课程的特点,表 1 列出了思政案例与教学内容的融入点。

表 1 课程思政案例融入点

教学单元	教学内容	思政案例融入点
Matlab 语言基础	(1) Matlab 介绍及其特点 (2) Matlab 桌面环境 (3) 矩阵及数组 (4) 变量的查看、装载与保存 (5) 表达式与索引	Matlab 是由美国 MathWorks 公司开发、全球工程与计算领域的主流商用软件。随着中美贸易摩擦的持续发展，2020 年美国政府将哈尔滨工业大学列入"实体清单"，制裁措施包括禁止该校使用 Matlab。作为高校学生，应加强专业知识学习，强化本领，编写出能够替代 Matlab 金融工具箱的程序包；作为金融从业人员，我们应该及时了解国家的产业政策，支持国内科技公司创新发展
数据可视化	(1) 二维图像绘制 (2) 三维图像绘制 (3) 图与子图 (4) 坐标轴控制	我们在前进的道路上难免会遇到挫折，就像 Matlab 所绘制的曲线一样，但是我们一定要坚定信念，克服一切困难
Matlab 编程基础	(1) 条件控制语句 (2) 循环控制语句 (3) 脚本与函数	认真学习《习近平谈治国理政》第四卷。中国特色社会主义最本质的特征就是中国共产党的领导。我们要准确领悟与执行党的各项方针政策
数据清洗	(1) 从 Excel 中导入数据 (2) 数组形状查看 (3) 字符串分割与时间 (4) 并表操作 (5) 缺失值处理	人类文明新形态的价值尺度。人类社会是一个螺旋上升的过程，反映了解构和建构、扬弃与超越的辩证统一规律。数据清洗就是解构、建构、扬弃与超越的过程：解析数据、扬弃噪音、构建缺失值处理方法，使清洗后的新数据超越旧数据
资产组合	(1) 投资组合理论 (2) Portfolio 函数 (3) set Asset Moments 函数 (4) set InitPort 函数 (5) estimate Port Moments 函数 (6) estimate Frontier 函数 (7) set Budget 函数	补齐科技伦理治理短板，促进科技事业稳健发展。科技与资产一样，能够给我们带来收益，但是也会有一定的风险。因此，我们需要最大化科技的社会收益，同时最小化科技的社会风险

1. Matlab 语言基础的融入点

思政元素的融入点如图 1 和表 1 所示，教师可以在介绍 Matlab 的课件部分（图 1a），向学生讲解该软件的构成：Matlab 基础软件由并行计算模块、数据科学与统计模块、数学与优化模块、代码生成模块、应用程序发布模块、验证和测试模块、事件建模模块、物理建模模块、实时仿真模块和系统工程模块组成。在此基础上，根据应用场景的不同，可以选择安装不同功能的拓展包，如信号处理工具包、图像处理与计算机视觉工具包、控制系统工具包、测试测量工具包、射频与信号工具包、无线通信工具包、雷达工具包、机器人与自动系统工具包、集成电路与系统芯片工具包、汽车系统工具包、航空航天工具包、计算金融工具包、计算生物工具包和代码验证工具包。

第1小节 Matlab快速入门
  1. 关于 Matlab
- 专门用于科学计算的语言：全球有数以百万的工程师和科学家使用Matlab来分析和设计产品
- 数学、图形和编程：Matlab为了解决工程和科学问题而进行了大量优化，基于矩阵的Matlab语言是计算数学的理想表达方式，大量的内置函数与工具箱能够为使用者提供安全有效的问题解决方法
- 规模、整合与部署：Matlab能够处理大规模数据，并且其代码能够与其他语言进行集成，从而使我们能够在网络、企业和生产系统中部署相应的算法和应用

a

第1小节 Matlab快速入门
  2. Matlab的特点
- 是关于科学和工程计算的高级语言
- 其桌面环境C是专门针对迭代式探索、设计和解决问题而设计的
- 提供标准化的数据可视化工具
- 在工程和计算科学领域应用成熟，并且在这一基础上还拥有大量其他领域的工具箱，如金融工具箱
- 有多种语言或应用程序的接口：C/C++、Java、.NET、Python、SQL、Hadoop、Microsoft Excel

b

图 1 Matlab 语言基础的思政融入点

在关于 Matlab 特点的课件部分（图 1b），教师可以向学生说明 Matlab 这款软件的复杂性和我国在科技领域追赶遇到的困难，以及作为财经院校的学生，应该如何为国家贡献力量。从构成模块和拓展包的种类与多样性不难看出，Matlab 的软件开发是一项系统工程，是各个行业知识融合的成果。但是随着中国综合国力的提升，美国开始担心中国在高科技领域对其形成的赶超态势，频频将科技问题政治化，设置科技封锁的"实体清单"和禁止我国部分高校使用 Matlab 软件就是最好的例子。因此，为了突破美国的科技封锁，我国需要在投入资金大、研发周期长的基础领域建立起自己的优势，开发替代软件就是其中的一项重要工作。但是开发 Matlab 替代软件需要花费大量的人力物力。作为财经类学生，我们应该努力学好本专

业知识，为今后的工作打下扎实的基础。金融行业是调节资源分配的枢纽，我们应该及时了解国家的产业政策，运用我们的知识和技能，为我国科技行业提供优质的金融服务，为 Matlab 替代产品的研发贡献力量。

2. 数据可视化的融入点

数据可视化的思政元素融入点如图 2 所示。教师可以通过图表向学生说明事物的发展会经历波动与曲折，不同的事物在不同的历史时期，经历的波动幅度与频率会不一样（图 2a），我们要善于在波动中抓住机会，迎难而上。对于个人与国家的关系，教师可以在随堂练习（图 2b）中予以说明。国家的基本组成单位是个人，当国家受到外界冲击时，个人也会受到冲击，所谓"国家"，有国才有家，如同这条曲线一样，是由不同的点构成的。

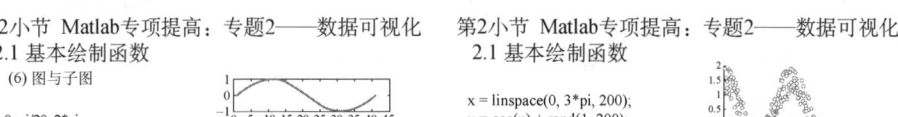

图 2　数据可视化的思政融入点

3. Matlab 编程基础的融入点

复杂的运算需要使用流控制语句，才能得到令人满意的结果。社会主义建设是一项伟大的工程，需要全国人民齐心协力才能完成。作为社会主义合格建设者和可靠接班人，我们要准确理解党中央的最新指示和会议精神，然后准确地执行并全力贯彻落实好。Matlab 编程基础的思政融入点如图 3 所示。例如，Matlab 的 if 决策语句告诉我们，只有达到条件时，才会执行其内部的表达式（图 3a）；我们作为社会主义接班人，在进行决策和面临选择的时候，应该将祖国的利益放在核心位置，将个人价值的实现与祖国的发展紧密结合。又如，while 循环语句告诉我们，在满足条件时，其内部的语句会一直执行下去（图 3b）；作为金融从业人员，我们要遵守相关法律法规，提供合规的金融服务。

第2小节 Matlab专项提高：专题3——编程基础
3.1 流控制
(2) 条件控制——if、switch

```
if expression                switch switch_expression
    statements                   case case_expression
elseif expression                    statements
    statements               case case_expression
else                                 statements
    statements                   …
end                          otherwise
                                 statements
                             end
```
a

第2小节 Matlab专项提高：专题3——编程基础
3.1 流控制
(2) 循环控制——for、while

```
for index = values           while expression
    statements                   statements
end                          end

Ctrl+C中断循环
```
b

图 3　编程基础的思政融入点

4. 数据清洗的融入点

数据清洗的思政融入点如图 4 所示。人类社会的发展是一个螺旋上升的过程，是一个从量变到质变的过程，是一个取其精华去其糟粕的过程，是一个扬弃的过程。数据清洗就是这样的过程。我们将原始数据中不利于分析的噪音去掉，从而得到有价值的信息；我们将多个数据集结合起来，从而能够看到事件的全貌；我们从多种来源获取信息，做到广纳谏言、不偏听偏信（图 4a）；我们在汇总信息时，需要抓住关键点进行整理，就如同并表一样，需要设置关键字进行匹配；我们将数据切片，仔细研究不同片段的数据特征，从而抓住问题的主要矛盾；我们使用前值填充、后值填充、近值填充、线性插值、分段三次样条插值、保形分段三次样条插值、移动平均法和移动中值法对缺失值进行处理，综合研判，做出最恰当的缺失值推断（图 4b）。我们在探索的道路上并不总是一帆风顺，在遇到问题时，需要大胆假设，小心求证；当遇到我们暂时不清楚的事物时，应该运

第3小节 简单的数据清洗
4. 并表
外并表：C=outerjoin(A, B, 名—值对)

Keys	设置用作键值的变量
LeftKeys	设置用作左键值的变量，即以A中的变量为键值
RightKeys	设置用作右键值的变量，即以B中的变量为键值
Mergekeys	使用共有的变量作为键值，键值的取值同时来自A和B
LeftVariables	指定A的变量为共同键值的取值，可配合MergeKeys使用
RightVariables	指定B的变量为共同键值的取值，可配合MergeKeys使用
Type	指定并表类型，full为全并表，left为左并表，right为右并表

a

第3小节 简单的数据清洗
5. 缺失值处理
外推方法

'previous'	前值填充
'next'	后值填充
'nearest'	近值填充
'linear'	线性填充
'spline'	分段三次样条插值
'pchip'	保形分段三次样条插值

b

图 4　数据清洗的思政融入点

用科学的方法对事物的本来面貌进行推断，并进行验证。从上面的分析中，我们不难看出，数据清洗的过程蕴含着深刻的唯物主义辩证方法论。

5. 资产组合的融入点

资产组合的思政元素融入点如图5所示。科学技术能够为人们带来光明，也能够给人们带来灾难。例如，火药可以制作烟花，为我们带来视觉上的享受，也可以制成子弹，夺走人的生命；核技术可以建造核电站，为我们带来源源不断的能源，也能制成原子弹，摧毁人们的家园。科技与资产一样，能够给我们带来收益，但是也会有一定的风险。因此，我们在使用科学技术时，需要像资产组合模型一样，在给定社会收益时，应尽我们所能最小化它们带来的社会风险（图5a），这意味着对于整个社会而言，科学技术的风险—收益组合应该像资产组合的有效边界一样（图5b），存在着最优解。作为应用型高校的学生，我们应该认真学习科学文化知识，以提高自己对科学技术的掌握程度，让自己所掌握的科学技术成为有效边界上的点，为建设祖国贡献力量。

第4小节 资产组合
1. 投资组合理论
(1) 狭义定义中具有代表性的理论：马科维茨的投资组合理论
　　假设投资者要求的收益为R，请确定w，使得投资组合的风险最小

$$\min_{w} \sigma_Q^2 = w^2 \cdot \sigma_1^2 + (1-w)^2 \cdot \sigma_2^2 + 2w(1-w)\sigma_{xy}$$

s.t.
$$w \cdot r_1 + (1-w) \cdot r_2 = R$$

a

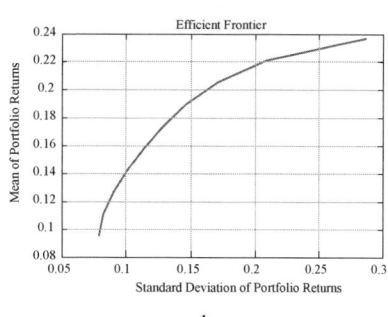

b

图5　资产组合的思政融入点

三、结束语

Matlab与资产组合课程是为上海立信会计金融学院本科生开设的短学段课程，本文对该课程的思政建设进行了有益的探索。高校不仅要培养技术过硬、专业扎实的人才，更要培养热爱祖国、拥护中国共产党、爱岗敬业的社会主义建设者与接班人。本文从课程教学大纲制定者和执行者的角

度出发，总结了思政案例在该课程中的融入点，旨在提高教学过程中的德育水平，为社会主义建设培养合格建设者和可靠接班人。本文认为，教师在选择思政案例时，应该做到紧跟时事，准确传达党中央的最新指示和会议精神；同时案例的内容和形式与课程的知识点保持高度一致性与相似性，从而更好地将思政案例与知识点相结合，达到润物细无声的教学效果。

参考文献

[1] 林雪萍.美国又一刀砍下来！找到替代品很难吗？[EB/OL].(2020-6-29)[2022-9-28]. https://export.shobserver.com/baijiahao/html/263998.html.

[2] 王瑞军.认真学习《习近平谈治国理政》第四卷,准确把握创新点高质量做好党建研究工作.[EB/OL].(2022-9-9)[2022-9-28]. https://www.xuexi.cn/lgpage/detail/index.html?id=12042912117456709088&item_id=12042912117456709088.

[3] 项敬尧.人类文明新形态的价值尺度.[EB/OL].（2022-2-25）[2022-9-28]. https://www.xuexi.cn/lgpage/detail/index.html?id=17247865418271079936&am0p;item_id=17247865418271079936.

[4] 张惠娜,刘如.补齐科技伦理治理短板,促进科技事业稳健发展.[EB/OL].(2022-4-14)[2022-9-28]. https://www.xuexi.cn/lgpage/detail/index.html?id=15819523744097229377&item_id=15819523744097229377.

新文科建设下高校经济类课程思政教育现状及影响因素研究

周新辉　王润文　孟可欣

摘要： 新文科建设背景下的高等教育应在立德树人上彰显中国文化内涵与路径，课程思政教育是新文科建设的前沿阵地与重要抓手。本文主要通过对上海、新疆、湖南等全国25个省、自治区、直辖市近50所高校经济类课程的思想政治教育情况进行广泛的调研，分析目前全国高校经济类课程思政教育的总体概况，重点探究了其中存在的主要制约因素。研究发现：高校对思政教育的重视程度、课程性质、学生对教师总体印象、授课方式、思政教育与专业课的关联程度等因素都将对经济类课程思政的教学效果产生明显影响。因此，高校应进一步加强对经济类课程思政教育的重视程度，构建多层级、多元参与的课程思政教育体系，高校教师也须身体力行地积极做好课程思政工作。

关键词： 经济类课程思政教育；调查分析；影响因素；推进路径

新文科建设是当前中华民族伟大复兴中的一个非常重大的战略部署。高校承担着培养社会主义合格建设者与可靠接班人的重大使命和实现教育现代化的重要任务，同时也是培养国家重要人才的主阵地，因此，高校亟须将优秀的中华文化和立德树人的基本理念更自然和深入地融入高等教育中，勇挑净化中国意识形态环境与人文环境的历史重任。近年来，国家政府部门及各地院校都非常重视高校的思想政治教育并大力推进课程思政建设，以此作为新时代立德树人的重要策略和理念。在这一大背景下，全国各高校掀起了一场课程思想政治教育改革的热潮。本文拟通过对上海、江苏、浙江、北京、天津、河南、陕西、湖南、新疆等25个省、自治区、直辖市近50所高校经济类课程的思想政治教育情况进行广泛的调研，了解目前全国高校经济类课程思政教育的总体概况与主要影响因素，并在此基础上提出有针对性的对策建议，以期为我国高校课程思政教育的改革与发展提供一定的参考。

一、相关文献回顾及研究意义

近年来，随着课程思政改革热潮的掀起，许多专家学者对高校课程思政的内涵与必要性、建设与改革路径等问题进行了广泛的研究与探讨。

（一）关于高校课程思政的内涵与必要性研究

关于课程思政的内涵与必要性，现有文献比较多强调其育人功能，但分析的视角和侧重点有所不同。一些学者着眼于"大思政"体系的构建，认为高校思政教育需从"思政课程"走向"课程思政"，最大限度地发挥课堂教学育人的主渠道作用；应构建专业课、综合素养课、思想政治理论课三位一体的高校思政教育课程体系；课程思政的核心是强调充分发挥专业课程的育人功能和专业课教师的育人职责，通过深入发掘学科专业类课程中所蕴含的思想政治教育资源，促进全员、全过程、全方位的"三全育人"大思政教育格局的形成。同时，有研究提出，"思政课程"与"课程思政"在思政教育方面存在角色扮演、教学方式、基本职能等方面的差异，但都蕴含和承载着思政教育功能；课程思政的内涵主要是强调高校的所有课程必须具备知识传授、能力培养、价值塑造"三位一体"的教学目标；高校应主动开展"四个服务"与"三全育人"的具体实践，实现知识传授、知识导向与价值引领相融合。

有的文献以课程教学目标为出发点，认为"课程思政"建设是建立育人长效机制的举措，各门课程都要构建知识传授、能力培养、价值塑造"三位一体"的教学目标，让价值引导与知识传授相得益彰；强调应突出"价值引导与知识传授相结合"的课程目标，构建隐性教育和显性教育相融通的思想政治理论教育课程体系。

还有的文献以教育理念和教育改革为立足点，认为课程思政是顺应高校教育理念变革的需要，是高校隐形思政教育理念发展的必然；是将高校思政教育融入课程教学及改革、实施"三全育人"的一种探索，也是对课程育人价值的中国化诠释。有的研究还指出需高度重视课程的育人内涵，强调"以德为先"、立德求知相统一的课程价值论与发展观等。

（二）关于高校课程思政建设与改革的路径研究

关于课程思政建设的路径和对策，现有文献提出了较多的思路。部分文献着眼于教育资源的整合，认为须突出思想政治理论课的核心地位，坚持课程教改创新以及综合素养课程和专业课程教学的育人导向，使知识传授与价值观教育实现同频共振；课程思政须注重融合创新，将思政教师、专业课教师、思政工作教师及社会资源聚合成"育人共同体"；课程思政的"三全育人"理念本质上要求构建起一个涵盖教育行政管理部门、学校层面、教学管理部门、各二级学院的多元化、多层级教育体系，形成协同运作效应；须加强顶层设计、完善"课程思政"的保障机制、明确目标以及强化"课程思政"教师队伍建设等高校课程思政的实践路径。

部分文献立足于制度建设的强化，认为在课程思政建设中，须构建理念引导制度、责任落实制度、资源整合制度、协同配合制度及动态评估制度等制度体系；专业课程思政建设的核心问题包括课程思政的设计、专业课教师思想政治素养和思想政治教育能力提升、专业课程思政的评价等；须创新和完善运行质量保障机制、执行机制、教师培训机制、教师评价考核机制等。

还有一些文献关注于课程建设本身。如赵鸣歧针对课程思政建设，设计了包含教学管理、教学团队、教学研究、教学特色4个一级指标，以及课程设计、课堂教学、教学评价等12个二级指标及相关19个三级指标等在内的专业类课程思政建设的基本标准；有的学者认为，课程思政建设须打造示范课程，建设高质量的在线示范课件、教学案例和教学资源库，形成典型示范与辐射带动效应等。

上述相关文献在理论与方法上均为本课题的研究开展提供了良好的借

鉴与启示。对上述文献进行综合梳理和分析，我们可以发现目前国内对高校思政课程体系建设的研究尚处于探索阶段，大部分是对高校课程思政的内涵、必要性以及课程思政建设的改革方法与对策等问题的探讨，研究范围较为宽泛、针对性不强，对全国近几年来经济类课程思政教育的具体实施效果的研究还很鲜见；对课程思政影响效应的评价指标体系等方面的研究则更为缺乏；理论分析较多，结合实际调研数据分析的甚少；定性分析多，而定量分析比较少。

相较于目前该领域已有的研究文献，本文可能的学术及应用价值主要体现在以下两个方面：① 结合实地走访与网上调研数据，专门对全国高校经济类课程思政教育的总体概况、影响因素等问题进行深入细致的量化分析；② 发掘课程思政的典型性教学经验与启示。总之，本文将力争对上述该研究领域所存在的主要问题进行突破，以期能对我国高校课程思政的改革与发展有所裨益。

二、目前高校经济类课程思政教学的现状分析

推进课程思政建设是高校育人的基本要求，将思政教育元素有效融入专业课程中是课程思政建设成功的关键。在各类思政课程中，经济类课程思政教育具有其独特优势。这主要因为开设经济类专业的高校众多，经济类课程在当今社会与大学生群体中影响巨大，在高校思政教育体系占有非常重要的位置。为更具体地了解经济类课程思政教育的现状，本课题组于2019年11月至2020年5月采取了实地调研与线上问卷调研相结合的方式，对上海财经大学、上海理工大学、上海立信会计金融学院等多所上海高校进行了实地走访，并在全国范围内面向不同层次院校、不同专业、不同年级的学生发放了调查问卷。本次调查问卷主要从院校水平、高校对思政教育的重视程度、专业类型、授课教师情况、授课方式、学生对教师总体印象、课程性质以及思政教育与专业课的关联度等方面入手，比较深入地考察了当前全国高校经济类课程思政的总体实施情况。

本次调研对象主要为财经类专业学生以及选修过经济类课程的其他专业学生，累计发放问卷1 553份，回收有效问卷1 495份。本次调研问卷发放地域范围较为广泛，涵盖了湖南、上海、新疆、陕西、青海、西藏、云南、黑龙江、吉林、辽宁、北京、天津、山东、江苏、浙江、河南、河北、湖北、江西、安徽、四川、重庆、福建、广东、深圳等25个省、自治区、直辖市近50所高校。调研数据显示，调研对象中经管类专业学生占比达到73.4%，理工类专业占比为17.3%，文史哲类专业占比为1.34%。调研主体包括本科生与研究生，在高校地域分布、受教专业与年级上均具有较强的代表性。下面我们将通过对所回收的有效问卷的相关数据来分析评测目前国内经济类课程思政教学的基本现状。

（一）绝大部分高校都在积极推动课程思政，但重视程度与宣传力度有待加强

通过对所回收的有效问卷进行统计分析，我们发现，60.33%的学生认为学校对于经济类课程思政教育重视程度很高，这表明在国家大力倡导思政教学、积极推动课程思政的大背景下，全国大部分院校都充分认识到了课程思政教育的重要性，并顺应时代与政策的要求积极地开展了课程思政教育。但也有35.03%的学生认为学校对经济类课程思政教育的重视程度仅为一般，还有4.64%的学生认为学校对经济类课程的思政教育不太重视。具体如图1所示。

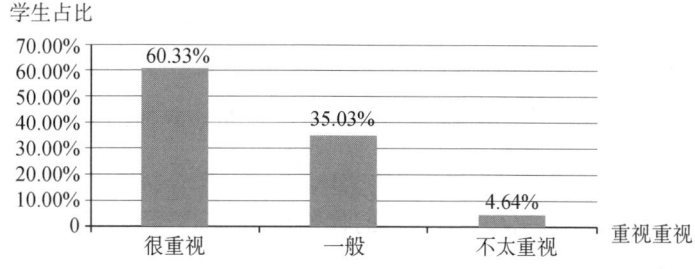

图1 目前高校对经济类课程思政教育的重视程度

资料来源：本课题组的调研数据。

此外,从问卷的统计数据及学生们的反馈来看,大部分学生对思政教育的了解程度只是大概了解和稍微了解,非常了解的仅占14.90%,还有2.40%的学生完全不了解,具体如图2所示。不少大学生对传统思政教育和课程思政教育的概念有所混淆,更甚者还不知道课程思政教育的理念。大部分同学对于思政教育的概念还停留在传统的思政教育课程上,对于近年来提出的课程思政教育的概念仍不太了解。这表明目前高校思政教育虽已基本普及但还没有深入学生心中,没有给学生留下比较深刻的印象,学生对课程思政教育的领悟程度较低。这可能与部分学校对课程思政这一新型教学形式不够重视有关。

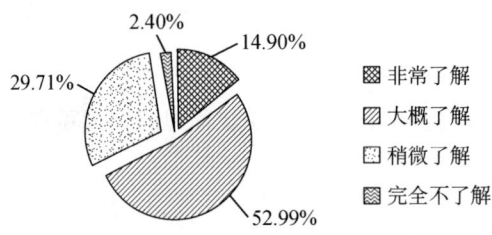

图2 学生对经济类课程思政教育的了解程度

资料来源:本课题组的调研数据。

(二)大部分经济类课程教师都在实施课程思政,但力度有待提高

从本次调研中学生的反馈情况来看,有46.31%的经济类专业课教师的思政教育占学期内该课程总体内容的比例为5%~10%;28.70%的教师课程思政内容占比为10%~15%;16.52%的教师课程思政内容占比更是高达15%~20%。以每组中位数2.5%、7.5%、12.5%、17.5%可得,经济类专业教师所穿插的思政内容平均占比为10.16%,属于较为适中的水平。由此可见,在经济类课程教学过程中,大部分老师都能够在专业课教学中主动穿插思政内容。但同时从本次调研数据来看,也显示有8.46%的教师课程思政内容占总体教学内容的比例低于5%,课程思政内容比例较低。具体如表1所示。

表 1 目前高校教师课程思政内容占比情况

课程思政内容占比	相应教师占比
15%~20%	16.52%
10%~15%	28.70%
5%~10%	46.31%
<5%	8.46%

资料来源：本课题组的调研数据。

（三）课程思政教育模式较为丰富，案例型教学模式比较受青睐

调研数据显示，在目前高校的经济类课程教学中，授课教师的思政教育模式多样化，且绝大部分为多种教学模式相结合，具体如图 3 所示。其中，有 69.65% 的教师在思政教学中采用了案例型授课模式，有 62.41% 的教师采用了话题型这一教学模式，结合个人经验分享型的教师占比达到 49.43%，而采用传统说教型的教师占比则相对较低，为 48.03%。这表明，教师更青睐于案例型思政教学模式。

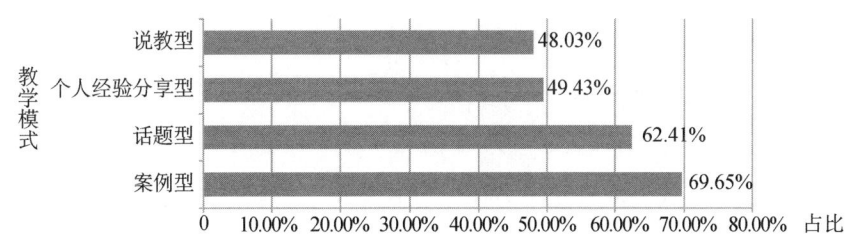

图 3 目前高校经济类课程思政教育的主要模式及占比情况

资料来源：本课题组的调研数据。

（四）相比传统思政模式，经济类课程思政优势较为明显

从学生的反馈数据显示，学生普遍认为：与传统的思政教育模式相比，经济类课程中穿插思政教育优势明显，近 28.14% 的同学认为课程思政在内容上比传统思政课程更加丰富多彩，27.16% 的同学认为课程思政教学形式也更加多样化，由此也更具有吸引力，23.17% 的同学认为课程思政更易于接受，对思政内容的印象更为深刻。这表明，大部分学生对目

前经济类课程中的思政教育效果比较认可，相较于传统的思政模式，由专业任课教师进行的思政教育更贴合学生的需求，其优势相对较为明显。

三、当前经济类课程思政教育的主要影响因素分析与经验启示

影响当前经济类课程思政教育效果的因素主要有哪些呢？我们将结合本次调研数据，采用Kruskal-Wallis检验和交叉分析等方法，从院校水平、高校对思政教育的重视程度，授课教师年龄、资质，学生专业类型、课程性质，思政教育内容与专业课的关联程度，思政教育授课方式等多方面着手，深入分析各个因素对经济类课程思政教学效果的影响程度，并从中发掘出一些具有典型性的教学经验启示。

（一）院校水平、高校对思政教育的重视程度对金融类课程思政教学效果的影响

首先，为探究院校水平对金融类课程思政教育效果的影响，本文采用非参数检验中的Kruskal-Wallis检验进行分析，即假设多个独立样本对总体的分布无显著性差异，即不同层次院校的学生对金融类课程教学效果的评价无显著差异。通过最终的检验结果来判断是否接受原假设。表2的Kruskal-Wallis检验结果表明，其P值为0.640，远大于显著性水平0.05，表明院校水平与教学效果之间不存在显著差异，即院校水平对金融类课程中思政教学效果没有显著性影响。

表2　不同层次院校间的课程思政教学效果差异分析

统计指标	数值
总计 N	1 289
检验统计	1.686
自由度	3.000
P 值	0.640

资料来源：本课题组的调研数据。

注：① 检验统计将针对绑定值进行调整；② 总体检验未检测出样本存在显著差异，因此未执行多重比较。

其次，高校对课程思政教育的重视程度也是一个重要的影响因素，这里采用交叉表以及相关系数对其进行分析。交叉表通常用来研究两个分类数据之间的关系，通过交叉表可以直观看出数量、占比、残差等指标。由表3的交叉分析可以看出，在高校"很重视"的情况下，教学效果在"较好"及以上的占84.6%，而在高校重视程度在"一般"及以下的情况下，教学效果在"较好及以上"均在55%以下，具有较大差异。

表3 高校对思政教育重视程度与教学效果之间的交叉分析

高校重视程度/教学效果	衡量指标	完全没效果	较差	一般	较好	非常好	总计
很重视	计数（人次）	7	7	117	344	376	851
	占比	0.8%	0.8%	13.7%	40.4%	44.2%	100.0%
	标准化残差	-1.9	-1.7	-7.1	-0.3	7.8	
一般	计数（人次）	11	12	233	240	59	555
	占比	2.0%	2.2%	42.0%	43.2%	10.6%	100.0%
	标准化残差	0.6	1.2	7.3	0.8	-8.2	
不重视	计数（人次）	2	3	14	6	1	26
	占比	7.7%	11.5%	53.8%	23.1%	3.8%	100.0%
	标准化残差	2.4	4.1	2.8	-1.4	-2.4	
不了解	计数（人次）	5	1	27	23	7	63
	占比	7.9%	1.6%	42.9%	36.5%	11.1%	100.0%
	标准化残差	3.8	0.0	2.6	-0.6	-2.7	
总计	计数（人次）	25	23	391	613	443	1 495
	占比	1.7%	1.5%	26.2%	41.0%	29.6%	100.0%

资料来源：本课题组的调研数据。

同时，相关系数分析表明，高校对课程思政教育的重视程度与教学效果的相关系数为0.426，P值为0.000，表明高校对课程思政教育的重视程度与教学效果之间存在显著的正相关关系，具体如表4所示。

表 4　高校对思政教育重视程度与教学效果之间的相关分析

			高校对思政教育重视程度	教学效果
斯皮尔曼 Rho	高校对思政教育重视程度	相关系数 显著性 p 个案数	1.000 1 495	0.426** 0.000 1 495
	教学效果	相关系数 显著性 p 个案数	0.426** 0.000 1 495	1.000 1 495

** 在 0.01 级别（p），相关性显著。
数据来源：本课题组问卷数据。

（二）授课教师的年龄、资质对金融类课程思政教学效果的影响

根据对本次调研数据的交叉分析与卡方检验，我们发现：学生对青年教师和中年教师的教学效果评价为良好的占比分别为 76.70% 和 70.10%，"较差"及以下的占比分别为 2.20% 和 3.40%；而对老年教师教学效果的评价为良好的只占 53.50%，"较差"及以下的占 3.20%。这表明，中青年教师的课程思政教学效果相对较佳。具体如图 4 所示。

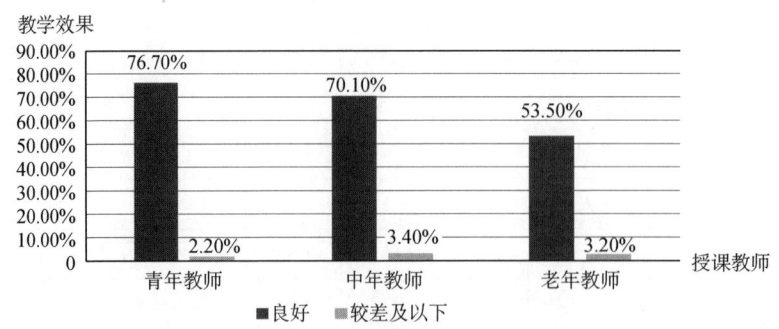

图 4　不同年龄的授课教师的课程思政教学效果

资料来源：本课题组的调研数据。

同时，调研结果表明，教师的资质与综合素养也会对金融类课程思政的教学效果产生明显影响。这里我们采用学生对教师的总体印象这一标准来衡量教师的资质。调研数据显示，学生对教师的印象"非常好"时，反映教学效果"非常好"占 41.9%，而反观其他分组，教学效果达到"非常好"的不足 10%（表 5）。相关性分析也表明（表 6），学生对教师的总体印象与教学效果之间同样存在显著的正相关关系,即学生对教师的总体印象越好,思政教育所带来的教学效果越好。

表5 学生对教师总体印象与教学效果之间的交叉分析

			教学效果					总计
			完全没效果	较差	一般	较好	非常好	
对教师总体印象	非常不好	计数	4	1	3	0	0	8
		占对教师总体印象	50.0%	12.5%	37.5%	0.0%	0.0%	100.0%
		标准化残差	10.6	2.5	-0.1	-1.8	-0.9	
	不好	计数	2	4	9	2	0	17
		占对教师总体印象	11.8%	23.5%	52.9%	11.8%	0.0%	100.0%
		标准化残差	3.2	7.3	2.2	-1.9	-2.2	
	一般	计数	11	16	231	212	40	510
		占对教师总体印象	2.2%	3.1%	45.3%	41.6%	7.8%	100.0%
		标准化残差	0.8	2.9	8.5	0.2	-9.0	
	非常好	计数	8	2	149	399	402	960
		占对教师总体印象	0.8%	0.2%	15.5%	41.6%	41.9%	100.0%
		标准化残差	-2.0	-3.3	-6.4	0.3	7.0	
总计		计数	25	23	392	613	442	1 495
		占对教师总体印象	1.7%	1.5%	26.2%	41.0%	29.6%	100.0%

数据来源:本课题组问卷数据。

表6 学生对教师总体印象与教学效果之间的相关分析

斯皮尔曼 Rho	统计指标	数 值	
		教学效果	对教师总体印象
教学效果	相关系数	1.000	0.447**
	P 值		0.000
	个案数	1 495	1 495
对教师总体印象	相关系数	0.447**	1.000
	P 值	0.000	
	个案数	1 495	1 495

资料来源:本课题组的调研数据。
注:** 表示显著性水平为 0.05 下的相关系数。

（三）学生专业类型、课程性质对金融类课程思政教学效果的影响

表7对被调查者自身专业类型与金融类课程中思政教学效果之间的差异分析显示，Kruskal-Wallis检验的 P 值为0.130，大于显著性水平0.05，表明课程思政的教学效果在不同专业类型中分布大体类似，学生的专业类型与课程思政的教学效果之间不存在显著差异。

表7 专业类型与教学效果之间的差异分析

统计指标	数值
总计 N	1 495
检验统计	9.871
自由度	6.000
P 值	0.130

资料来源：本课题组的调研数据。

注：① 检验统计将针对绑定值进行调整；② 总体检验未检测出样本存在显著差异，故未执行多重比较。

同时，从课程性质（选修或必修）与金融类课程思政教学效果的交叉分析来看，金融类课程为必修课的，其思政教学效果在"非常好"的占比为31.1%，而在选修课中只占14.3%。卡方检验（表8）结果显示，卡方值为20.327，P 值为0.000，小于显著性水平0.05，说明这两者之间存在显著性差异，也即专业课是必修还是选修对于金融类思政教学的效果有显著影响。这些均表明，金融类必修课中的思政教学效果要明显高于选修课。

表8 课程性质与教学效果之间的卡方检验

项目	统计值	自由度	P 值
卡方	20.327*	4	0.000
似然比（L）	21.880	4	0.000
有效个案数	1 495	N	0.000

注：* 2个单元格（20.0%）的期望计数小于5，最小期望计数为2.05。
资料来源：本课题组的调研数据。

（四）思政教育内容与专业课关联度对金融类课程思政教学效果的影响

相关调查数据的交叉分析表明，金融类课程中进行的思政教育内容与

专业课之间关联程度同样对教学效果会产生较大影响，随着关联程度的提升，教学效果"非常好"从2.9%上升至83.7%（图5）。表9中的相关系数分析也发现两者的相关系数为0.675，P值为0.000，也表明思政教育的内容与金融类专业课的关联度与教学效果之间也表现出较强的正相关性。

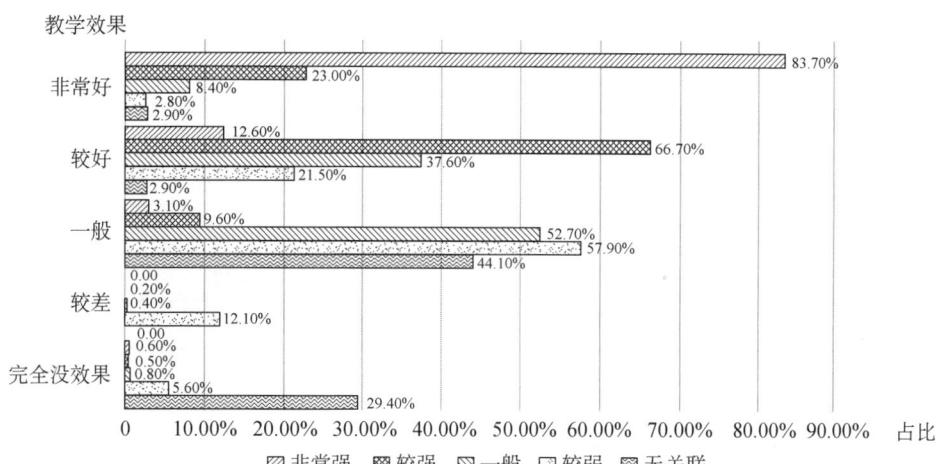

图5　思政教育内容与专业课关联度对教学效果的影响

资料来源：本课题组的调研数据。

表9　思政教育内容与专业课关联度与教学效果的相关系数分析

斯皮尔曼 Rho	统计指标	教学效果	思政教育与专业课关联度
教学效果	相关系数	1.000	0.675**
	P 值		0.000
	个案数	1 495	1 495
思政教育与专业课关联度	相关系数	0.675**	1.000
	P 值	0.000	
	个案数	1 495	1 495

资料来源：本课题组的调研数据。

（五）思政教育授课方式对金融类课程思政教学效果的影响

思政教育的授课方式主要可以分为：案例型、个人经验分享型、话题型、说教型以及其他形式。交叉分析结果表明，案例型、个人经验分享型以及话题型授课方式在金融类课程思政的教学效果较好，效果达到"非常好"分别占 30.9%、22.3%、26.7%；而说教型授课方式，其效果在"较差"及以下占比为 65.8%。进一步通过 Kruskal-Wallis 检验（表 10）发现，P 值为 0.001，小于显著性水平 0.05，表明授课方式与教学效果之间存在显著差异。

表 10 授课方式与教学效果之间的差异分析

统计指标	数值
总计 N	3 304
检验统计	19.028
自由度	4.000
P 值	0.001

资料来源：本课题组的调研数据。

（六）基本结论与经验启示

1. 从学校层面来看，院校层次对经济类课程思政教学效果并无明显影响，而高校对课程思政教学的重视程度与教学效果之间存在比较大的正向关联度。高校对课程思政教育的重视程度越高，学生对课程思政内容的了解程度也就相应越高，其在经济类课程中的思政教学效果也就越好。

2. 从教师层面来看，授课教师的年龄、资质会对经济类课程思政教学效果产生明显影响。中青年教师的课程思政教学效果相对较佳，而授课教师的资质与综合素质以及教师给学生的总体印象对课程思政的教学效果具有特别明显的影响。

3. 经济类课程中思政教育的内容与专业课的关联度对课程思政的教学效果也存在明显影响。专业课中思政教育的内容与专业课的关联程度越高，课程思政的教学效果就越好。由此可见，经济类课程中所传授的思政教育内容应该与专业知识紧密关联、巧妙结合，充分调动学生参与的积极性，这对提升课程思政的教学效果有显著帮助。

4. 学生自身的专业性质与经济类课程的思政教学效果关联度不大，而课程性质对于经济类课程思政教学的效果有着显著影响，必修课中的思政教学效果要明显优于选修课。因此，从事经济类专业选修课教学的教师应进一步重视学生的课程思政教育。

5. 不同的授课形式对经济类课程思政教学的效果有着非常明显的影响。其中，案例型、个人经验分享型以及话题型的课程思政教学模式比较受学生欢迎，教学效果较好。

四、推动经济类课程思政教育发展的主要路径与策略

在新的历史发展背景下，为引导大学生树立正确的"三观"，增强大学生的社会责任感与历史使命感，帮助学生树立远大的政治抱负和脚踏实地、吃苦耐劳的工匠精神，培养良好的思想道德品质，高校全体教师都应该充分重视课程思政的教学工作。同时，由于经济类专业在课程思政教育中具有其独特的魅力与影响力，相关高校及教师尤其需要加强经济类专业的课程思政教育工作。

（一）高校应进一步加强对经济类课程思政教育的重视程度，构建多层级、多元参与的课程思政教育体系

在落实"全员育人、全程育人、全方位育人"的"三全育人"教育理念、积极构建高校"大德育"的育人格局中一个非常重要的因素是需要顺应"三全育人"理念的本质要求，形成各类课程和思政理论课同向同行、同时并进的协同效应。而形成这种协同效应的关键是要构建一个集学校层面、教学管理部门、各二级学院师生于一体的多层级、多元参与的思政教育体系，从"思政课程"单一的表现形式转向"思政课程"与"课程思政"相结合，从而构建思想政治教育的综合性体系，否则，难以形成思政育人的合力。因此，高校应加强课程思政教育，结合自身的办学特色与专业优势，努力营造良好的课程思政教育氛围，并引导全体师生充分重视课程思政的教学工作。具体而言，可从以下几个方面努力。

1. 加大课程思政教育的宣传力度，全方位普及经济类课程思政教育

鉴于调研中所揭示的部分学生对课程思政教育的概念与理念了解程度

不深，而这一因素将直接影响课程思政的教学效果，高校应加大经济类课程思政教育的重视程度与宣传力度，大力推进课程思政建设工作，让广大师生充分了解经济类课程思政教育的必要性与基本理念。同时，学校方面应注意强化所有经济类课程的思政教育，无论是必修课还是选修课都应全面普及思政教育，这样才能形成合力，使教学效果最大化。

2. 建立健全经济类课程思政的组织管理体制，将课程思政教育纳入教学考评体系

高校有必要将课程思政建设常态化、机制化。相对于传统类思政课程，经济类专业类课程融入思政教育既是对传统思政课程的有益补充，也相对具有明显的优势（前面已述）。因此，高校应建立经济类课程思政的组织管理体制，协调好传统类思政课程与经济类课程思政的关系，并将经济类课程思政教育纳入教学考评体系，构建协同育人机制。

3. 加强经济类课程思政教师队伍的建设

课程思政教育最终需要依靠教师来实施，这就需要有效培养、不断提升教师的育德意识与育德能力，不断提升教师的育德自觉。因此，学校应强化教师经济类课程思政教学的培养机制与激励机制，打造一支政治素质过硬、业务能力精湛、育人水平高超的高素质经济类课程思政教师队伍。

（二）高校教师须身体力行地积极做好课程思政工作

1. 注重师风师德建设与教师综合素养的提升

施教者客体化的效果源于受教者的回应。因此，施教者必须严于律己，树立良好的师德师风，提高自我修养。在对问卷的数据分析中我们发现，高校教师的资质与人格魅力在很大程度上影响着学生们学习的积极性，因此，高校教师应特别注重自身专业素养与思想道德修养的提升，以"学高为师、身正为范"的标准严格要求自己，坚持以德立身、以德立学、以德施教，切实注意提升个人的内涵修养，通过人格魅力来吸引、感染学生，对学生群体形成积极影响。

2. 坚持经济类课程与思政教育因势利导的原则

教师在进行思政教育的过程中要因势利导，注重寻找专业知识体系中与思政教育内容的结合点与引爆点。教师在经济类专业课中可适当结合社会经济领域中一些鲜活案例组织学生进行讨论思考，从中植入思政教育；对于一些耳熟能详的理论与案例，老师可以从思政教育的角度激发学生对人生价值观的思考，充分调动学生学习的积极性与课堂教学的参与度，让学生在获取专业知识的同时提高思想道德修养，使学生在专业知识技能的获取与思想品德的提升之间形成相辅相成、相互促进的关系。

3. 优化课程思政教育内容

大学生课程思政教育是培养学生理想信念和道德情操的重要形式，在弘扬传统文化、培养爱国主义精神、树立正确价值观与职业道德精神等方面发挥着重要作用。本次调研发现，学生在目前思政教育的内容上比较倾向于三观教育和中国传统文化教育。中国传统文化教育与三观道德教育相辅相成，中华民族的传统美德与真、善、美的观念对大学生的理想信念教育和职业生涯规划教育具有重要影响。

因此，高校教师在开展课程思政工作的过程中，应着重进行中国传统文化的教育，用中华民族优秀的传统文化与精神指导大学生进行人生观与价值观的改造，深入开展道德教育和社会责任教育，引导学生养成良好的道德品质和行为习惯，崇德向善、诚实守信、热爱集体、关心社会，并把国家安全教育和生态文明教育融入课程教学，增强学生的国家安全意识和生态文明意识。同时，还应通过多种教学形式，在学生中弘扬劳动精神，促进学生的身心健康，提高学生的审美与人文素养，增强学生的表达沟通、团队合作、组织协调、实践操作、敢于创新的能力，弘扬社会主义核心价值观，不断提升课堂思政教学的质量，为社会培养更多德才兼备的经济类人才。

4. 开展多元化的课程思政教学形式

在经济类课程思想教学上，教师应坚持"以学生为中心"的教学理念，开展多元化的课程思政教学形式。教师应当充分利用现代教育技术的优势，采用更为灵活的案例型、个人经验分享型以及话题型等多种形式，在授课过程中适时巧妙地穿插思政教育，提高学生积极性和参与度，提升思政教育的质量与效果。

参考文献

[1] 虞丽娟.发挥课堂教学主渠道作用[N].中国教育报,2017-07-06(1).

[2] 侯勇,钱锦.课程思政研究的现状、评价与创新[J].江苏大学学报(社会科学版),2021(6):66-76.

[3] 赵鸣歧.高校专业类课程推进"课程思政"建设的基本原则、任务与标准[J].思想政治课研究,2018(5):86-90.

[4] 高德毅,宗爱东.从思政课程到课程思政:从战略高度构建高校思想政治教育课程体系[J].中国高等教育,2017(1):43-46.

[5] 柯勤飞.融合创新打造课程思政"金课"[N].中国教育报,2019-01-07(1).

[6] 伍醒,顾建民."课程思政"理念的历史逻辑、制度诉求与行动路向[J].大学教育科学,2019(3):54-60.

[7] 敖祖辉,王瑶.高校"课程思政"的价值内核及其实践路径选择研究[J].黑龙江高教研究,2019(3):128-132.

[8] 文希.基于关联矩阵的高校教师绩效考核分析[J].湖南社会科学,2010(4):216-218.

金融伦理和行业初心
——我国金融学科课程思政本土化思政元素的挖掘与探究

邹兆敏

摘要： 随着我国社会经济的不断发展，金融行业的影响力逐渐增大，吸纳的就业岗位也日益增多。由于金融业的财富积聚效应，从业人员的价值观容易发生变化，从过去的唯增长论到如今的唯增值论，金融过度发展导致实体经济衰败的例子屡见不鲜。金融专业学生处于世界观、人生观、价值观成形的关键期，如何引导学生正确处理利益诱惑与职业道德之间的冲突就显得尤为重要。本文认为，应改变许多人只问利益不问缘由、一味"向钱看"的错误价值观，避免触碰道德底线，优化资源配置，实现金融的可持续发展。以行业初心为导向、以从业规范为框架的课程思政教学模式不仅对打破"唯技术"和"唯收益论"的狭隘金融价值观具有非常显著的纠正作用，也值得其他应用型本科院校的实务类教学课程借鉴，具备一定的推广价值。

关键词： 金融伦理；思想政治教育；课程思政

一、金融伦理：从理念到实际作用

（一）金融伦理概念的起源

金融伦理本身是一个跨学科概念，其内涵涉及金融学与伦理学两个学科。不过在其被学术界认定前，这一概念早已存在于西方世界。金融伦理最早可以追溯到中世纪晚期，在资本主义萌芽阶段西欧国家行业工会的职业守则中就已经有所涉及。在这一时期的西欧国家，几乎每个行业都有自己的工会。这里所说的行业工会，其内涵和现代意义上的行业协会较为接近，它主要负责制定该行业所需要的职业资质标准，其中也包括从业者获得相应的营业许可需要服从相应的道德规范。因此，职业伦理这一理念本身起源于西方，在金融行业也是如此。时至今日，在许多西方国家，从业人员要想获取相应行业资质，职业伦理学也是考核项目之一，比如，金融伦理被CFA（特许金融分析师）纳入考核内容之列，而且长期被列为首要考察项目之一。从定义来看，金融职业伦理是指参与金融业务的利益相关方在交易中应遵循的道德准则和行为规范，其中又尤以金融机构及其从业人员为重点关注对象。这是因为他们作为参与金融业务的主体，对金融活动本身具有先天的信息优势，从而极易对其他利益相关方（其中包括客户）产生极大的影响力。这里需要指出的是，金融伦理不是简单的善恶二元论，而是用于指导并促成金融业务发生的一套行为规范，解决"应该怎么做"的问题。由于金融业务是一个基于信用和承诺的特殊经济活动，存在信息不对称带来的风险和不确定性，如何让金融交易双方建立互信关系就显得尤为重要。因此不仅需要有成文的金融相关法律法规来规范金融机构的具体业务，也需要不成文的金融伦理来约束相关从业人员的微观行为。考虑到金融业务在实践中有诸多细节无法得到相关法律法规的有效监管，因此具有行业自律性质的金融伦理就成为保证金融市场正常运行的另一个重要支柱。

（二）金融伦理发挥的实际作用

1. 良好的金融伦理本身就是金融机构的优质资产

遵循良好的金融伦理的金融机构，一般极其重视其商誉（goodwill），而那些强调公平交易、重视诚信的金融机构更能被市场所认可，其业务的开展也就更加便利。随着网络银行的出现，有形固定资产的价值逐步下降，商业银行之间对客户的争夺更为激烈，这也让许多银行的商誉发挥了举足轻重的作用。在过去的十年中，我们看到许多不法机构也借着互联网金融的名义大肆聚拢财富，甚至不惜将理财产品伪造成存款以吸引投资，最终它们的资金链断裂，致使许多储户血本无归，系统性风险加剧。而那些坚守金融伦理、保证业务流程公平公正的金融机构的业务整体上没有受到影响,反而依靠良好的商誉提升自身的品牌价值并扩大了市场份额。

2. 良好的金融伦理有利于维持金融体系的稳定,避免系统性风险的发生

良好的金融伦理有利于在金融交易双方形成信任的金融环境,从而大幅降低交易成本。金融市场有一定的技术门槛,既存在交易双方的信息不对称,也存在不可抗力引起的不确定性,这些都极容易造成金融市场的系统性风险累积。良好的金融伦理可以通过道德共识建立商业互信,缓解金融服务者与金融消费者之间的不信任感,避免囚徒困境和零和博弈。在发达国家的金融发展史中,我们不难发现由于资本的逐利性,加之市场发展初期的不健全,金融交易中存在大量不道德行为,许多恶意做空导致市场波动极大,风险和收益都被恶意夸大,正确的估值也就无从谈起了。金融市场的信息不对称极容易导致资源的错配,而有的交易者往往依靠其先一步获取信息的能力实施对应操作,使公平交易原则化为乌有。这就是为何在人类货币演进史中"劣币驱逐良币"的现象屡见不鲜的原因。以美国的次贷危机为例,华尔街的投行经理明知次贷产品是一种"有毒"资产,甚至监管部门高管都私下戏称它们是"大规模杀伤性武器",但是由于购买者不了解实际情况,而销售者为了赚取佣金,没有进行必要的风险提示,最终房价泡沫破裂导致系统性风险的爆发,无数投资者血本无归。

3. 良好的金融伦理有利于实现共同富裕和缓解社会矛盾

金融市场作为产权交易体系的重要部分,一直以来被赋予藏富于民、改善资源分配的功能,但实际上其加大了社会贫富差距,激化了社会矛盾,究其原因无外乎包括以下两方面:首先,一些个人投资者本身有非常短视的投资习惯与赌徒心理,片面重视收益而轻视风险。其次,金融市场本身的财富分配机制存在不合理性,在股东利益最大化目标的驱使之下,企业不断降低工资以削减生产成本,然后将税后利润再分配给机构投资者,普通劳动者获益少之又少。党的十九大报告特别指出,我国社会主要

矛盾已经转化为人民日益增长的美好生活需要和不平衡不充分的发展之间的矛盾。

2021年5月，党中央、国务院正式印发《关于支持浙江高质量发展建设共同富裕示范区的意见》，这是以习近平同志为核心的党中央把促进全体人民共同富裕摆在更加重要位置所做出的一项重大决策，也体现了党中央、国务院对解决我国发展不平衡不充分问题的坚定决心。在此背景下，倡导财富合理分配的金融伦理就显得尤为重要。

二、金融伦理缺失的主要原因及其严重后果

（一）权责的不对等导致监管漏洞频发

相比其他商业领域，金融领域是发生欺诈等不道德行为的"重灾区"之一，其根本原因在于金融所涉及的借贷业务本身是在使用"别人的钱"做"自己的事"。这当然和金融业务的特殊性有关。我们常用"拆借"一词描述金融业务的本质，这从一定程度上也解释了金融机构对待借方客户和贷方客户的现实需要。在频繁的拆借业务中，金融机构及其从业人员需要不断地"变脸"，在债权人和债务人两个角色之间来回切换，其权益和责任（或称为义务）也在不断变动中。加上金融创新用各种方式加大了操作杠杆，这使得相关机构和个人出于逐利本性铤而走险，进行违规交易。比如，商业银行在吸收存款后，放弃稳健经营原则，变相将资金投放在高风险领域追求高收益，但是一旦失败就会造成巨额损失。在美国次贷危机之前，许多商业银行将大量资金投资于房地产贷款，完全忽视了其对实体经济的虹吸作用。而当泡沫破灭时，大量贷款无法收回，银行大面积破产，最终倒逼央行以避免系统性风险为由出手救市，将全部损失社会化，平摊到每个纳税人头上。这些危机的产生，一方面是由于机构投资者知道自己是在经营"别人的钱"，为了满足自身的贪欲而置风险于不顾；另一方面，他们明白央行会被迫履行最后贷款人的义务，损失将由全社会买单。这种道德风险造成金融危机的例子比比皆是，严重影响了金融市场的正常运作。

（二）信息不对称加剧了逆向选择

鉴于金融业务的隐蔽性，金融体系与实体经济领域相比，其信息不对称程度更加严重，因而更容易引发逆向选择行为，以至于"劣币驱逐良币"的现象时有发生。人们在去餐厅吃饭时，可能有机会近距离观察厨房的环境和厨师的工作方式，从而对其具体业务有一定了解。但当居民把自己的资金存放在商业银行时，一般被理解成为存款，但其实对于银行而言，这是一笔借款，银行需要承担相应的义务。客户之所以存（借）钱，是因为相信银行可以秉持正确的经营理念而进行合理投资，从而保证其资金的安全性并履行其还款承诺。同去餐厅吃饭不一样，一般没有存款人会在存款的时候询问银行将如何使用这些资金进行投资。银行作为代理人，在这种委托关系下，本来应该秉持稳健经营的理念，谨慎选择投资项目。但是在某些时候，为了增加存款，银行会向客户兜售投资回报率高、风险极大的项目。而不明就里的客户很可能因为贪婪和无知，被这类项目吸引而付出高昂的代价。这就是典型的逆向选择。这一现象也非常普遍地存在于直接金融模式中。以瑞幸咖啡的财务丑闻为例，我们不难发现越是业绩不好，经营有问题的公司，越是迫切想要通过上市来"圈钱"，为此不惜用欺骗手段美化自己的财务报表来获得上市资格。这自然导致证券市场充斥着一批资质很差的上市公司，这是典型的逆向选择的结果。由此可见，如果"一切向钱看"的思潮在金融体系中泛滥成灾，发生逆向选择的概率就会大大增加，最终祸及所有投资者。

（三）专业性所伴生的信息垄断加剧了交易双方的不平等性

虽然各行各业都有其专业属性，但是金融行业知识壁垒更高，而且发生零和博弈的概率也更大。在古代，金融业都具有家族垄断性质。到了现代社会，对垄断的监管这一新现象又产生了新问题。更微妙的是，在监管大旗之下，许多机构反而通过利用制度缺陷产生的壁垒，对市场实施垄断。比如，一些机构凭借拥有的金融牌照进行寻租，攫取巨额利益。由此可见，许多西方国家实施金融自由化，提倡去监管化。打着金融创新的名头，各种新兴的金融机构不断涌现，金融产品层出不穷，让大众很难彻底了解其核心价值所在，自然无法正确平衡收益和风险，从而极易做出错误的投资决策。反观金融从业人员，如果他们只关心所得到的交易佣金，就会凭借在知识和信息上的优势来对客户实施影响，说服他们购买金融产品。基于这种知识壁垒在金融领域中广泛存在，客户一般处于弱势地位，一旦金融机构中从业人员唯利是图，又缺乏基本的金融伦理素养，发生金融欺诈的概率就会大大增加。

三、以行业初心维护金融伦理

综上所述，从理论层面来看，西方金融业界对伦理原则相当重视，可以说金融伦理是金融体系正常运作的必要前提。但是现实中全球金融市场的具体运营环境却不容乐观。在欧美国家，尽管金融伦理这一概念已经深入人心，频繁出现在各类金融资质考核之中，但是实际上人们也仅仅是在做表面功夫。过去的几十年里，所谓魔鬼交易员涉嫌欺诈的案例层出不穷，2008年金融危机几乎摧毁了华尔街金融机构的信誉，催生了"占领华尔街"的运动。在我国改革开放后金融市场发展的初级阶段，金融伦理也未引起足够的重视，各级从业人员的诚实守信观念普遍较为淡薄，导致诸如内幕交易和"老鼠仓"之类的现象时有发生。鉴于我国市场经济发展起步晚于欧美国家，社会诚信制度的相对欠缺而导致市场经济主体伦理观念淡薄。本着"他山之石，可以攻玉"的精神，我们有必要梳理一下西方金融伦理规范的优点，从中汲取经验教训。

对于金融体系而言，信用是其有效运转的最重要保障。所谓人言为信，金融业务其实是建立在人与人之间承诺的基础上，所以从它诞生起就必然与诚实、信用等道德观念同行。从前几年P2P爆雷，到不久前河南省部分村镇银行的"取款难"事件，我们可以发现许多金融机构存在欺上瞒下的不法行为。这种金融伦理缺失导致的恶性事件已经严重打击了普通民众对新兴商业银行和金融机构的信任，同时也削弱了国内村镇金融机构本应该具备的普惠和亲民形象。一旦这种不信任情绪蔓延开来，其他投资者也会对那些本来运营平稳的金融机构产生疑虑，从而提高风险溢价的水平，导致社会融资成本飙升，最终伤害实体经济。

大多数西方国家的金融机构拥有悠长运营历史，一般重视商誉和金融伦理，因而会对其从业人员进行金融伦理教育和职业道德培训，着力打造一种高尚的金融伦理形象。尽管次贷危机对欧美各家银行信誉都产生了不小的伤害，但是不可否认的是，西方各国银行基本都拥有其独特的金融伦理传统，从而促进了银行业的持续发展。比如，瑞士的银行十分重视保护客户隐私，尤其重视保障客户的财富传承，其发达的私人财富管理及信托产业也就依托于此而名闻天下。再看德国的银行，它们和产业界的关系非常紧密，向客户提供全方位的广泛的金融服务，关注实体企业。这就和美国热衷于实施金融自由化、发挥直接融资模式的思路完全不同。相比之下，欧陆的银行相较于英美银行更加谨慎，一般比较重视保证客户本金安全与自身信誉。这种以谨慎著称的金融伦理文化，孕育了当下主流的银行金融监管标准，也就是我们耳熟能详的《巴塞尔协议》，有效保障了行业整体的稳健性。

然而，西方主流的金融伦理也并非完美无缺。就像我们前文所提到的那样，那些写在白纸黑字上的金融伦理守则，在利益的冲击面前也显得毫无招架之力。正所谓"道高一尺，魔高一丈"，在西方国家历次的金融危机之中，我们都看到许多的魔鬼交易员为了高额利益，凭借自身对运营体系的了解，巧妙地绕开监管进行违规操作，给机构、市场和社会造成了难以挽回的损失。这不免让人想起一句名言："为了100%的利润，它（资本）就敢践踏一切人间法律；有300%的利润，它就敢犯任何罪行，甚至冒绞首的危险。"既然人心可以被收买，那么所谓行业规范和金融伦理都是一纸空文。21世纪初的时候，著名的安然能源公司财务造假被曝光，直接导致其审计机构，当时全球五大会计师事务所之一的安达信会计师事务所破产。2012年，国际知名的汇丰银行又深陷洗钱丑闻之中，被指控曾经帮助犯罪分子洗钱并将黑钱转移到该行在世界各地的分支机构。只要从业者尊崇货币增值最大化这一理念，那么所谓的金融伦理也只是一块遮羞布而已，甚至沦为谈判桌上的议价筹码。那么，我国金融伦理应该如何建立呢？

（一）正本清源，重拾行业初心是建设中国金融伦理规范的第一步

中国传统教育一直强调"德才兼备"。要求先培养学生的道德品质，然后才是提升其专业能力。由此可见，思政教育一直在我国教育实践中发挥着不可或缺的重要作用。然而面对当前复杂的全球化和自由化思潮，思政教育工作也面临多元化的严峻挑战。具体到授课对象，即金融专业学生，金融业的繁荣发展自然意味着就业岗位的增加和收入的上涨。但是与此同时，过于繁荣的金融市场会吸引越来越多的人力资源投身金融交易，寻求短期内迅速致富，而不愿意踏踏实实做实业。长此以往，这个社会的产业结构都会受到负面影响。金融行业的中介服务价值远远高过实体产业的实际生产价值，其虽然撬动大量的货币资源，但是产生的实际投资、就业岗位和技术进步等综合价值依然有限。由此可见，我们不能任由金融产业规模无限膨胀，而应关注它在实体经济中扮演什么样的角色。应通过运用马克思《资本论》中关于商品货币和资本货币的区分，让学生明白资本极可能流向金融行业去赚取投机价差收益，而冷落实体经济部门，使得实体企业无法得到足够的支持，缺乏产业发展动力，造成社会产出逐步萎缩不可逆的残酷现实。资本过度泛滥导致金融市场虚假繁荣，将最终导致"我花（金融）开后百花（实业）杀"的窘境。这样深入的思考有助于增进学生价值认同，引导学生在未来的择业、从业中都能正确使用金融资源，最终实现百业兴旺。

（二）不忘初心，服务实体经济才是发展金融业的重中之重

长期以来，国内外研究对中国金融改革和开放的关注点主要放在如何提高金融服务实体经济的效率方面。西方的自由主义经济学派秉持金融中心主义，强调金融和实体经济是相互合作，互为表里。从辩证唯物主义的角度看，金融与实体经济是对立统一的关系，既相互依存，又相互排斥，既竞争，又合作。若金融发展不足，实体经济将陷入融资困境，无法有效扩大投资和生产规模；但如果金融发展过快，资产价格将会产生明显泡沫，金融体系对实体经济会产生明显的负外部性。从行业报酬体系来看，

金融业的整体资本回报率和平均收入水平都很高,吸引技术、资本(其中包括人力资本)等创新性生产要素向该行业聚集。这样就会出现金融业的高收益与实体经济融资高成本并存的现象。这也就是我们在美国铁锈带常看到的"脱实向虚"的恶果。这种带有明显"金融诅咒"特色的去工业化现象在许多发达国家都很常见。其极端情况是金融产业越庞大,实体经济越凋敝。这主要是因为金融过度发展导致社会资源向金融业倾斜,使实体经济难以得到其亟须的各类资源,最终不可避免地消亡殆尽。因此,在发展金融业的过程中,尤其要关注该行业对实体经济的实际贡献。当然,我们也要保证金融部门在支持实体经济产业转型和升级中获得应有的回报,而不是凭着所谓社会责任来支持实体,要使金融企业有动力推动金融创新,而不是以牺牲金融企业利益来支持实体经济。

综上所述,当下社会层面关于金融伦理的研究应顺应新时期的新变化,中国金融伦理的核心思政元素就是唤起金融服务实体经济的"初心",纠正金融业发展中"有钱好办事"的错误理解,将之转变为"有钱办好事"。因此在课程思政育人主题上,我们可以着重围绕如何让金融服务于实体经济这一主题展开对学生思想政治方面的引导和教育。同时,以职业初心为导向,以从业规范为框架实施课程思政教学。这样不仅对打破"唯技术"和"唯收益论"的狭隘金融伦理观具有非常显著的纠正作用,也值得被其他应用型本科院校的实务类教学课程借鉴,具备相当强的推广价值。

参考文献

[1] 朱民武,曾力,何淑兰.普惠金融发展的路径思考:基于金融伦理与互联网金融视角[J].现代经济探讨,2015(1):68-72.

[2] 单美姣,邓戎.正规金融与非正规金融自金融伦理视角的比较分析[J].兰州大学学报(社会科学版),2014,42(1):137-143.

[3] 张俊玲.将"课程思政"理念基因式融入专业课堂教学的探索[J].教育教学论坛,2018(46):49-50.

[4] 刘晓宇.基于金融伦理视角下我国P2P网络借贷平台的监管研究[J].金融理论与教学,2018(3):33-35.

［5］习近平.决胜全面建成小康社会 夺取新时代中国特色社会主义伟大胜利：在中国共产党第十九次全国代表大会上的报告［J］.实践(党的教育版)，2017(11)：4-20.

［6］曹亚廷.P2P网贷与征信系统关系研究［J］.征信，2014，32(11)：15-18.

［7］赵晖."课程思政"推行中的若干思考［J］.湖北经济学院学报(人文社会科学版)，2018，15(12)：128-130.

［8］许超."人的全面发展理论"与"大学英语"课程思政教学［J］.文教资料，2019(1)：229-230.

金融风险管理课程开展思政教学改革探讨

尚秀芬

摘要： 金融风险管理是金融学专业重要课程之一，本文通过教学与课程思政的有机融合，阐述了该课程思政现状和存在的问题，并根据课程的专业特征和知识结构，从政治认同、社会责任、创新意识与全球视野等几个维度，论述了开展课程思政的必要性，最后提出了课程思政教学改革的建议，引导学生要以践行社会主义核心价值观为行为准则，为金融风险管理建设服务。

关键词： 社会责任；政治认同；风险管理

一、思政教育融入金融风险管理课程的教学意义

在金融学由定性分析主导转向定量分析主导的学科转变过程中，金融风险管理作为一门技术性强、与实务结合紧密的专业课程，更应该重视课程思政建设，信念为先，培养德才兼备的金融专业人才。

金融风险管理是金融学专业重要的课程之一，其教学目的是让学生充分认识健康金融环境对宏观经济发展的重要性，掌握金融风险管理的一般理论知识和技术方法，形成对金融风险的辨识力，树立金融风险的防范意识，明确责任和义务。因此，金融风险管理更需要与思政教育有机融合，更好地培养金融理财综合人才，引导学生以践行社会主义核心价值观为行为准则，树立共同理想，加强自信，为金融服务实体、金融风险防范和金融消费维权做出应有的贡献。

二、金融风险管理课程思政特征分析

金融风险管理课程主要介绍金融风险的分类、金融风险管理的基本概

念和理论方法以及各种风险管理模型的应用。该课程帮助同学建立基本的金融风险管理理念，熟悉金融风险管理模型的理论基础，激发他们对金融风险管理工作和研究的兴趣。该课程涵盖了各种相关的案例分析，帮助学生了解当前的金融风险。通过本课程的学习，学生掌握衍生证券定价的理论与应用，更快地融入风险分析与投资组合管理的实际工作。该课程的授课对象是当代大学生，将课程思政融入专业知识，对学生"三观"、公民意识和政治意识的塑造具有积极意义，同时也有助于学生专业知识的学习，并使其自觉将专业能力培养与社会主义建设、中华民族伟大复兴相结合。

根据金融风险管理课程的专业特征、教学需求和知识结构，该课程蕴含的思政元素主要包含在政治认同、社会责任、创新意识与全球视野等方面。

一是政治认同。在讲授风险管理案例时，引入雷曼兄弟公司破产案例，再结合2008年全球金融危机中风控的作用，启发学生认识到发达国家市场的制度也有很多问题，进而认识到制度（金融制度）选择是历史发展和现实国情决定的，以不断增强学生的制度认同、政治认同。

二是社会责任。本课程涉及大量关于交易者追逐个人私利而影响他人，甚至形成市场剧烈波动造成重大社会影响的案例，通过这些案例的分析，让学生在学习专业基础知识的同时，可以利用学到的专业知识分析社会事件，增强责任意识。

三是创新意识。探索创新的价值取向是科学精神的重要体现。课程通过互联网技术与金融应用科技相结合，发现适合时代发展的金融风险管理的新方法，培养学生的创新精神和创新意识，不断增强学生的创新能力。

四是全球视野。课程通过国内外市场对比、国内外风险管理方法对比，取长补短，让学生了解中国与国外金融风险管理的差异，培养学生的全球视野。

三、目前国内金融风险管理课程思政教学的现状

金融风险管理课程教学目的是帮助学生掌握金融风险管理和风险度量

的基本方法,熟悉金融风险管理的知识体系。总结起来,金融风险管理课程思政教学具体存在以下几方面问题。

(一)专业知识与思政教育融合不足,对于课程思政资源的挖掘不充分

金融风险管理课程中关于数理思维和量化分析的环节较多,特别是在"风险的度量"及"投资组合的风险分散效应"部分运用了大量的数理推导和模型构建,这正是其科学性的体现。然而该特征很多时候又会将学生带入一个认知误区,即金融风险管理课程的主要内容是数学知识,缺乏情感倾向和价值判断。目前在金融风险管理课程思政教学中,专业知识与思政教育的融合度不够。金融风险管理课程诸多环节能为学生提供价值引导、道德培育的机会,如公民诚信教育与职业道德教育、风险意识与危机意识教育、金钱观与消费观教育、社会责任与家国情怀教育等,而这些丰富的课程思政资源还有待进一步挖掘。

(二)思政教育的引入略显刻板生硬,没有达到潜移默化的效果

开展课程思政能将高校思想政治教育有机地融入各专业课程教学和改革中,实现其立德树人的教学目标。课程思政教育的关键在于潜移默化,这样才能够保证思政教育的育人效果,让学生更容易理解和接受。但当前金融风险管理课程思政资源挖掘不够,思政教育的引入略显生硬而牵强,专业知识与思政教育存在"两张皮"现象,常常使学生产生一种"莫名被说教"的感觉。究其原因,一方面,专业课教师的思想政治素养不够高,理论联系实践的能力不足,只顾埋头做"理论专家"而对现实缺乏了解,无法将思政教育与专业知识进行自然衔接;另一方面,专业课教师与学生沟通不足,不能较好地把握学生思想动态,了解学生的兴趣热点和思想困惑,从而与学生之间存在较强的距离感。

(三)大多立足于西方经济理论,对中国经济金融情境的应用与联系偏少

长期以来,人们对金融风险管理课程及其所属的金融学学科存在两种意识形态上的误区:第一,认为其是西方经济学的产物,是西方金融理论在中国的运用;第二,认为该学科存在较强的技术主义倾向,其所揭示的规律是无国界的。而事实上,金融风险管理课程及其所属的金融学领域始终隶属于社会科学范畴,服务的环境和对象必然存在鲜明的国别特征与区域特征。因此,该课程的课程设计必须服务于中国的经济金融发展,服从中国的国家战略和定位,注重与中国国情相联系,加强对中国金融制度、金融政策的解读,强调中国在应对美国次贷危机及国内外局势复杂变化过程中,为防范和化解重大金融风险与社会系统性风险做出的努力和贡献。

四、对金融风险管理课程思政教学模式的实施建议

立德树人是教育的根本任务。课程思政对于打破思政教育和专业教育间的壁垒起到了重要的作用,既可以用更丰富、更多元化的方式呈现专业知识,还可以将立德树人的理念贯彻到所有教学环节中,实现能力培养、价值塑造、知识传授等人才培养目标。因此,落实好立德树人这一根本任务,高校要使思政教学与专业课程同向同行、协同发力,并使课程思政教学更深入地推进。

(一)将思政教育融入各教学环节中,构建全过程思政教学

在传统教学中,专业教师往往只着眼于专业内容教学而忽略了思想政治教育内容,这样的教学模式割裂了专业课和思政课之间的联系。推进课程思政建设就需要打破专业课程和思政课程之间的壁垒,把思政内容和专业内容有机结合起来。教师在进行专业课备课时需要全面梳理教学大纲,找到思政教育和专业知识的结合点,把思想政治教育有机地嵌入专业课程教学中。课后教师应结合课程思政教学内容布置练习题或者思考题,引导学生进行复习,加深课程思政的教学效果。通过这样全过程课程思政教学,引导学生树立社会主义和共产主义理想信念。

(二)以案例为纽带有效衔接专业知识与思政元素,充分挖掘其蕴含的思政教育元素

金融风险管理课程思政教学需要结合课程特点、学生特点以及社会发展现状等方面进行课程设计。当前,专业教学与思政教育融合不足,根本原因在于专业课教师未能充分挖掘专业课程中蕴含的丰富思想政治教育元素，思想政治素养和思政教育意识不足，无法有效对学生进行价值引导和道德培育。因此，高校经济管理类专业应密切关注高等教育的价值导向，持续加强师德师风建设，提高专业课教师的思政教育能力。教师应将课程思政元素有机切入教学过程，引导学生认识到自觉规范职业行为的重要性，提升职业道德和业务素质，树立合规尽职、敬业爱岗的从业观。

（三）运用多元化教学方法，提升课程思政教学效果

金融风险管理课程的知识技能和数理推导环节较多，如果专业课教师不能很好地掌握一些教学方法和技巧，很容易给学生带来一种牵强附会的说教感，导致学生产生排斥心理。因此，教师要采取形式多样的教学模式，如翻转课堂、情景教学、案例教学、实验教学等，并广泛运用启发式、讨论式、参与式等教学方法，有效提高学生参与度和积极性，激发其学习兴趣，调动其主动性。翻转课堂将学生的被动学习变为主动学习，使生涩的、高度理论化的教材内容向贴近学生生活实际、侧重价值引领的教学内容转变，帮助学生在理解和参与教学活动的过程中不断提升思想道德素养。

（四）注重实践教学环节，强化对我国经济金融情境的应用与联系

课程思政的教学效果与专业理论知识的实践应用密切相关。在风险管理课程中，很多思政环节特别是社会责任与家国情怀教育的引入，是建立在对全球资本市场和金融体系发展及对我国金融战略、金融制度和金融政策的正确认知基础之上的。基于此，专业课教师要对当前世界局势和中国道路进行宏观层面的方向性把握，对于金融创新政策态度，既不能全盘否定，也不可盲目鼓励，而是应持续加强监管创新，采取积极审慎的有效管理政策。此外，学校还可以邀请校外实践领域的专家，包括来自大型企业、金融机构、投资机构的相关业务人员进校园，针对校内师生举办系列专题讲座，激发学生的职业兴趣，从而提升课程思政的实践教学效果。

参考文献

[1] 孙婷.风险管理课程思政教学探究[J].西部素质教育,2022年(11):54-56.

[2] 郭战琴.金融风险管理教学改革与创新研究[J].教育教学论坛,2021(5):96-99.

[3] 田娟娟.应用型本科高校课程思政教学模式构建探讨[J].中国乡镇企业会计,2020(6):235-236.

[4] 徐懿.专业课程和思政融合发展的金融专业课程建设模式的探究[J].就业与保障,2021(13):183-185.

深化课程思政育人成效，巩固拓展高校党史学习教育成果

孙 俊

摘要：本文从巩固拓展高校党史学习教育成果的角度出发，就如何深化高校课程思政育人成效进行分析总结，以期在提高学生专业教育的同时，强化课程思政育人效果，培养大学生的爱国情怀，落实立德树人要求，实现铸魂育人任务。

关键词：党史学习教育；课程思政；立德树人

习近平总书记在2022年1月的省部级主要领导干部学习贯彻党的十九届六中全会精神专题研讨班上，强调"要用好学校思政课这个渠道，推动党的历史更好进教材、进课堂、进头脑，发挥好党史立德树人的重要作用"。①

课程思政作为全面提高人才培养质量的重要环节，全部高校、全体教师、全部课程都承担着高校的育人责任，真正破解了专业教育和思政教育"两张皮"的问题，使得各类课程与思政课程同向同行，真正形成协同效应。

2020年教育部发布《高等学校课程思政建设指导纲要》，指出课程思政建设要围绕全面提高人才培养能力这个核心点，在全国所有高校、所有学科专业全面推进，让课程思政的理念在各地各高校形成广泛共识，全面提升广大教师开展课程思政建设的意识和能力，建立健全协同推进课程思政建设的体制机制，构建全员全程全方位育人大格局，努力培养担当民族

---

① 新华网，习近平在省部级主要领导干部学习贯彻党的十九届六中全会精神专题研讨班开班式上发表重要讲话，http://www.news.cn/politics/leaders/2022-01/11/c_1128253361.htm

复兴大任的时代新人,培养德智体美劳全面发展的社会主义建设者和接班人。①

为有效巩固拓展党史学习教育成果,积极响应党的二十大上通过的《中国共产党章程(修正案)》中新增的"推进党史学习教育常态化制度化"要求,教师应积极探索党史学习教育新形式,将历史与现实、理论与实践相融合,推动党史学习教育常态化、长效化,按照习近平总书记的要求利用好思政课这个渠道,并促进其与高校课程思政深度融合,从而建构全员、全程、全方位的育人格局,把党史学习教育内容有机融入思政课程和其他专业课程、实践教育,从而形成协同效应,真正将教育说到当代青年大学生的心坎里,激发他们的内在力量,最终实现立德树人、铸魂育人的目标。

高校要持续深化课程思政育人效果,就需要推动教师在能力提升上下工夫,在课程建设上下工夫,探索构建互联网+党史学习教育模式,有效发挥第一、第二、第三课堂联动机制,用好红色资源,巩固拓展党史学习教育成果,把课程思政建设与当代大学生成长成才的需求真正有机结合起来。

一、以能力提升为落脚点,打造高素质的课程思政教学团队

习近平总书记2022年在中国人民大学考察时强调:"好的学校特色各不相同,但有一个共同特点,都有一支优秀教师队伍。"对教师来说,想把学生培养成什么样的人,自己首先就应该成为什么样的人。② 因此,要全面深化课程思政的育人体系,教师队伍的建设极为重要。

高等学校应努力推动全体教师强化教书育人意识,把握不同学科专

---

① 教育部,全面推进高等学校课程思政建设——教育部高等教育司负责人就《高等学校课程思政建设指导纲要》答记者问,http://www.moe.gov.cn/jyb_xwfb/s271/202006/t20200604_462551.html

② 新华网,习近平在中国人民大学考察时强调 坚持党的领导传承红色基因扎根中国大地 走出一条建设中国特色世界一流大学新路,http://www.news.cn/politics/2022-04/25/c_1128595417.htm

业、不同类型课程的课程思政建设要点，确保课程思政建设得以落地落实、见功见效。

通过专题培训、教学研讨、集体备课、教学沙龙等形式，特别是抓住新教师入职培训关键环节，开展教学改革与实施、党史学习教育融入课程思政等主题的交流活动，运用课堂授课、课后辅导、网络探讨、实践活动等途径，让教师们把思想引领、知识传授和能力培养相融合，并真正融入每一门课程的教学过程。新入职教师应开展党史＋课程思政的岗前教育专题培训，充分调动其积极性，提高育德意识和育德能力。2021年，中共上海市教育卫生委员会就成立了""五老'党史宣讲团"，进校园给"00后"讲述党的最新政策，将家国情怀带进课堂一线。

成立协同育人的课程思政教学团队，由院系党政领导担任负责人，以学科带头人和教学名师为引领，吸纳青年骨干教师参加，并带动优秀的思政课程教师、辅导员等，分别负责第一、第二、第三课堂的育人任务，从而建设包含思政课程、专业课程和综合素养课程的思政育人体系。在高校的专业教育中做到价值体系与知识体系、能力体系的深度结合，改变目前普遍存在的少数人育人、多数人教书的现状，真正解决思政教育与专业教育割裂的问题，以有效发挥课程思政教学团队育人优势功能。

加强教师团队的思想政治教育，要深入学习和领会党的二十大精神，贯彻落实习近平总书记关于高等教育的重要论述，深刻领悟"两个确立"的决定性意义，旗帜鲜明讲政治，以党的政治建设为统领，提高政治判断力、政治领悟力、政治执行力，增强"四个意识"、坚定"四个自信"、做到"两个维护"，弘扬伟大建党精神，提高高校教师的育人意识和育德能力，成为"爱学生、有学问、会传授、做榜样"的新时代教师。改变当前存在的一部分教师重知识传授和能力培养、轻视价值引领的现象，利用有效的方式方法，真正引领全体教师践行"课程思政"理念，将做好大学生思想引领、价值观塑造作为育人目标。带领更多的教师真正成为"经师"和"人师"的统一者，立志当"大先生"。

充分发挥当前高等学校一大批名师、学者的示范引领作用，帮助青年骨干教师成长，并搭建发展的载体和平台，建设一支专业强、素质高的教师队伍。探索成立名师工作室，形成"名家—名师—名徒"的立体化教学团队。工作室集教学、科研、培训、思想引领等职能于一体，切实发挥示范引领作用，增强教学实效，提高课程思政教学质量和水平。在"名师工作室"基础上建立青年教师导师制，教授与青年教师"一对一"师徒结对指导，建立传帮带机制，有效提高课程思政育人效果。

二、抓好课程建设"主战场"，做好课程思政教学规划

课程思政的基础是课程建设。课程思政把正确的世界观、人生观和价值观，以及社会主义核心价值观教育有机地融入课堂、课程教学的全过程，让课程教学既有高度，又有深度，真正成为实现教书育人的最重要的环节。

全面贯彻习近平总书记在党的二十大、全国思想政治工作会议、全国教育大会、党的十九届六中全会上的重要讲话精神和党的二十大精神，坚持做到价值引领与知识传授相结合、课程建设与人才培养相结合，真正明确课程思政改革的原则、目标、实施步骤和建设任务要求。

课程建设中，落实课程负责人制度。课程负责人牵头，与其他授课教师合作，按课程思政建设的要求修订教学大纲和教学计划，切实将思政教学目标融入专业课程的教学设计。在总结经验的基础上，开发网络开放课程，推进重点课程的建设，规范建设专业思政教育课程，提高整体育人效果。

教师在集体备课中进行课程设计，围绕党史中重大事件、人物和爱国故事，找到党史学习教育与专业授课相通的结合点，挖掘思政元素，用专业领域内红色资源、爱国励志事迹激发引导当代青年学生树立远大理想，强化责任担当。在知识传授中运用恰当教学方式，融入党史学习教育，强化大学生爱国立志的红色基因。

2021年党史学习教育开展以来，不少高校都开展了党史融入课程思政的实践。

天津大学开设了马克思主义发展史、中国共产党历史等10门精品思政课，发挥了课堂育人主渠道作用。

上海交通大学尝试从实业报国、航空救国和海洋救国等校友故事角度出发，挖掘校史育人元素，推出了一系列具有特色且广受学生好评的课程。

此外，多所高校还精心开发了一批党史学习教育的精品课程。上海外国语大学推出了中外时文选读课程，利用不同语种讲授，引导学生尝试用世界语言传播中国故事，传递中国声音。

北京科技大学持续结合党史学习教育，延展课程思政内涵，打造了60余个课程思政教学案例，持续培养学生爱党爱国情怀，激发学生报效国家、服务社会的担当意识。

上海立信会计金融学院设计了课程思政教学设计展示活动，教师通过教学理念、方法和过程三个维度进行现场展示，从而展现了课程思政设计的方式方法，体现以学生为中心、产出导向、持续改进的特点，突出关注学生的课程学习体验、学习效果。

教师们通过多种途径，在课程育人资源和创新课程教学方式上下工夫、动脑筋，以集体备课等形式，深入挖掘红色爱国教育资源，引导学生学党史、懂党史，激发情感认同，从而强化成长成才的根基，把学生培养成为有使命担当、立志爱国爱党的新时代青年，让红色基因和革命薪火代代相传。

培根铸魂是课程思政的目标，育人功能是所有课程承担的使命，育人职责是所有教师落实的使命，而党史是最好的思政教材。教师在学习百年党史的同时，更要将鲜活的党史内容有机融合到课程内容和教学的全过程。

三、构建互联网+党史学习教育模式，深化课程思政育人效果

建构互联网+党史学习教育模式，推动党史学习教育融入课程思政，

利用党史学习教育成果助推课程思政深入开展，使高校党的建设与课程思政齐头并进，全面贯彻落实立德树人任务。

根据当代大学生的特点，运用新媒体呈现方式，发挥网络教育功能，运用好学习强国、高校思政网、党建教育网站和高校微信公众号，建好易班学校分站点，打造易班党史学习教育网络育人特色品牌，构建校园网络新媒体矩阵，发挥新媒体党史育人作用；丰富网络党史学习教育内容，开展红色育人故事我来讲、爱国主义基地寻访、党史学习天天读、党史知识竞赛等网络文化建设活动；发布红色电影、纪录片、微党课、党史人物走访和革命圣地寻访内容，丰富党史学习教育模式，巩固党史学习教育效果，有效增强青年学生学党史、悟思想的效果。

学习强国平台开辟了党史学习教育频道，推出了"习近平论中国共产党历史""学党史、悟思想、办实事、开新局"和各地学习频道等学习实践专栏，为党史学习教育融入课程思政提供了极其丰富的网上党史学习教育资源。

在上海立信会计金融学院，学生们配备 VR 设备，云观看影片《遵义会议》，能切身感受到中国近代史上伟大的转折点——遵义会议，从而品味新时代的"党建红"，VR 也为教师提供了活泼生动、互动体验式的教学新手段。

四、发挥第一、第二、第三课堂联动机制，红色资源增强课程育人效果

在充分发挥课堂育人效果的同时，高校可以整合党史学习教育资源，根据不同课程和专业的特点培养人才，加大实践育人力度，开展丰富的党史育人实践，深化拓展以党史学习教育为引领的第二课堂和第三课堂建设。结合重大节庆日、党史上重大事件中蕴含着的丰富党史学习教育资源，充分利用学校开学典礼、毕业典礼等重要场合，有效利用本地红色爱国主义教育资源，挖掘校史中的党史学习教育资源，开展思政大课堂开学第一课、红色场馆走访学习活动、红色实践教育基地的实践活动，为学生

展示真实历史场景，以强烈的视觉冲击，促使学生综合运用所学的理论知识，分析、发现、解决面临的实际难题，从而做到知识和行动的有机统一。学生通过实践活动的开展，也能达到深化认识、提升感悟的效果，从而助推个人成长成才，并真正推动党史学习教育与课程思政教学体系的有机融合。此外，为了达到课程思政教育教学改革的目标，还要优化实践教学体系，根据目标不断完善实践教学的质量标准，进一步深化实践教学的过程管理和实效评价。

上海理工大学挖掘本土红色基因，将党史学习教育有效融入课程思政育人体系。授课教师将校友爱国事迹融入数理化课程的教学。在理学院，为培养学生的科学精神，授课教师通过相关案例的讲解，让大家深刻感受到在党的领导下国家取得的伟大成就；管理学院将课堂"搬"到企业车间，将严谨的理论课程教学转化为生动的情景教学，并邀请各行各业的专家从不同角度讲述党史，让学生们在沉浸式学习中感受行业的发展。①

湘潭大学推出恰同学少年创新思政课，讲述毛泽东等老一辈革命家学生时代故事，充分运用当地红色资源，对大学生开展党史思政教育，有效发挥党史的育人功效。

东北的哈尔滨师范大学强化顶层设计，梳理各项制度建设，监控第二课堂的每个环节，建构"大思政"育人格局，将课堂教学、第二课堂和校园文化有机融为一体，形成交互作用的完整体系。

高校开展第二、第三课堂过程中，要用好大学生党史学习宣讲团，通过深入学习、有效宣讲的实践过程，强化当代大学生的政治认同，真正让青年学生在价值冲突中深化理解，在比较鉴别中提高认识，在探究活动中拓宽视野，不断强化学生对社会主义核心价值观的认同。

高等学校要牢记立德树人的根本任务，充分利用思政课程和课程思政改革创新的成果，将党史学习教育的内容有机融入思政课和专业课程，推进党史学习教育进课堂、进教材、进头脑。用好用活网络新平台和红色爱

---

① 第一教育，臧莺 程媛媛，"融盐于水"，上理工将党史学习教育与课程思政紧密结合，https://h5.newaircloud.com/detailArticle/16087223_30593_dyjy.html?app＝1&source＝1.

国主义资源，发挥第二课堂的育人功能，通过学党史、讲党史，赓续红色基因，推进红色文化教育，使之成为高等学府塑魂育人的精神动力，深入巩固并拓展党史学习教育成果。

参考文献

［1］习近平.论中国共产党历史［M］.北京：中央文献出版社，2021：7-13.

［2］本书编写组.中国共产党简史［M］.北京：人民出版社、中央党史出版社，2021：461-471.

商业银行学课程思政实现路径及未来发展探究

潘 慧

摘要：在"立德树人"的大背景下，高校专业课程全面引入以德育人理念。本文以金融学专业主干课程商业银行学为例，对其"课程思政"育人目标、内容架构、建设模式等内容进行梳理，总结专业课思政教学的特点和优势；同时立足于思政育人过程中面临的现实障碍，提出专业课教师要提高德育意识和能力、多角度深挖思政教育元素、进一步关注协同育人机制等建议。

关键词：课程思政；商业银行学；协同育人

一、引言

立德树人是新时代教育的根本任务。2017年教育部发文明确提出要积极推动以课程思政为目标的课堂教学，党的二十大报告指出："育人的根本在于立德。"2020年6月，教育部发布《高等学校课程思政建设指导纲要》，明确了高校课程思政工作的重要性、目标要求和内容框架等内容，课程思政在全国所有高校和学科专业全面推进。

专业课课程思政成为落实立德树人根本任务的重要途径，高校专业课开始课程思政的探索。作为金融学专业的主干课程，商业银行学积极推进课程思政，从而实现思想政治教育与专业课知识体系教育的有机统一。在课程思政建设过程中，逐步确立了思政育人的目标和路径。但随着实践的深入，也开始面临一些现实障碍，有必要对前期建设成果进行梳理，分析存在的问题，探究其未来发展思路。

二、课程思政的内涵和实践

当前,关于专业课课程思政的研究覆盖了理论和实践层面。

课程思政的内涵目前尚无统一定义,高德毅等(2017)指出,课程思政是以立德树人为目的,通过挖掘思政教育元素,将对大学生思想政治教育工作落实到专业课程教学的各个环节,实现润物无声的一种隐性教育,这一观点得到大多数学者的认同。

在实践层面,现有研究一般从课程思政的现实障碍和实施路径角度展开分析。比如邱伟光(2017)认为很多因素都会影响课程思政效果,包括教师、教材、资源挖掘和制度建设等。陆道坤(2018)特别关注了课程思政的主体和客体,提出了教师的胜任问题和学生教学效果的评价问题。王学俭(2020)发现在开展课程思政过程中存在专业知识与德育元素难以融合、教师纽带作用不易发挥、协同育人机制尚不完善等诸多不足,并尝试提出解决路径。

综合以上分析,专业课的课程思政探索正逐步深入,从内涵、价值探讨转向实践层面,关注专业课课程思政的现实障碍、具体实施路径和有效评价等问题,为商业银行学的课程思政建设提供了诸多有益借鉴和思路。本文将结合商业银行学课程实际,在梳理课程思政目标和路径的基础上,集中探讨教师主导作用的发挥、德育元素的持续挖掘、协同育人机制的完善等具体问题,从而推进其更好发挥专业课价值引领的作用。

三、商业银行学课程思政目标和路径

上海立信会计金融学院对课程思政关注较早,在教学团队负责人的带领下,已经完成了商业银行学课程思政教学内容架构等核心部分,并且在线上线下混合式教学中展开多次实践,积累了不少经验、数据和思考。

(一)"金融报国、德法兼修"——专业课程育人总体目标

商业银行学是金融学专业的主干课程之一,立足于国内银行实际,以我国现行的法律法规和国际准则为依据,主要讲授商业银行营运架构、经

营环境、业务运作和管理机制等内容。该课程强调理论与实践结合，特色鲜明，引导学生关注社会实践、职业伦理、诚信合规等问题，为成为合格的"金融人"做准备，育人过程中自然融入了思政元素。课程思政概念的提出与课程本身的要求相契合。根据加强思想政治教育的要求，在学校"产教融合、学研并重"的专业育人特色基础上，总结专业课程育人总体目标：帮助学生树立金融报国之志，养成德法兼修的金融职业素养。这个目标在原有的"思政"基础上进一步拓展和提高，融入了社会主义核心价值观，同时体现高校育人的根本任务。

（二）"一核四维"——专业课程育人内容架构

商业银行学课程以银行服务实体经济和国家发展战略为核心，在思政内涵方面，精选四个维度展开，包括制度认同、社会责任、合规守法和诚信品质（图1），共同构成了课程育人的内容架构。教学过程中通过"嵌入式""引导式""启发式"等手段自然融入育人元素，贯穿银行业务和管理始终。

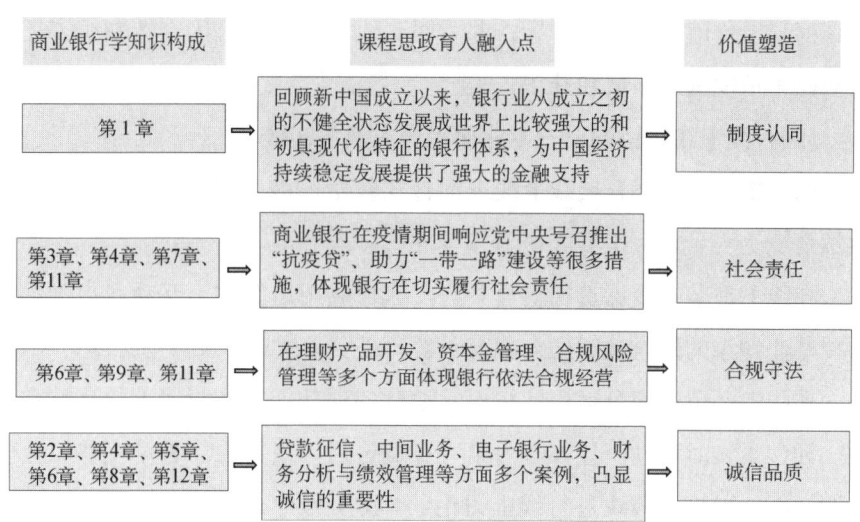

图1 商业银行学课程思政内容框架

资料来源：商业银行学教学团队资料分享。

（三）全员全环节——专业课程育人建设模式

商业银行学教学团队充分挖掘各方面资源，将德育理念贯穿教学全过程。

首先是全员育人。在教师层面，动员团队成员锁定重要理论问题，深化思政育人研究，包括定期进行相关教研活动，积极申报课题和公开发表论文等，同时将科研成果应用于课堂教学，在教学大纲和授课计划中补充德育元素，实现思政研究、课堂教学和学科建设之间的有效融合。同时借助兄弟院校力量，合作编写思政教学指南，充分挖掘每个章节的德育元素和典型案例，精心设计融入方式和授课教案，这既是分享课程资源，又有助于构建标准化的教学规范，从而有力保障了教学质量。在学生层面，激活学生主体意识，共建课程思政案例库。如借助参与式教学，在"学生讲坛"教学环节中，鼓励学生制作和分享案例，在师生互动和合作中实现"润物细无声"。

其次是全环节育人。把德育元素贯穿到课前、课中和课后全过程。课程思政主要通过案例方式展开，如课前利用线上渠道，引导学生关注案例背景和内容；线下课堂围绕专业知识进行讨论式、探究式学习，适时从不同维度给予价值观的正确引导；课后回到线上，除了巩固专业知识，还可以从德育角度进行拓展和升华。

（四）线上线下协同——专业课程育人教学实践

商业银行学较早开展线上线下混合式教学，借力网络教学渠道，丰富教学情境。

在线下环节，授课选用适当案例，综合应用启发式、互动式教学，在讲授专业知识的同时适时融入德育元素，激发学生思考和参与意愿。

在线上环节，充分运用网络教学平台各项功能，作为线下的延伸和拓展，和学生实时互动。比如学习第一章概论后，发挥混合教学优势，让学生课后在"讨论"板块进行线上讨论："我国为什么要加强银行从业人员道德素养？"学生回答视角多样，包括金融职业素养、银行社会责任、我国银行体系独特性和优越性等。教师适时参与互动，及时点评，适当拓展，教学效果良好。

总的来说，商业银行学课程思政建设，其目标和内容架构符合学校育人实际、金融学专业要求和课程本身的特点，同时在以下几个方面比较早地开始探索并有所收获：一是较早地开始探索德育教学规范，推出专门针对本课程的思政教学指南；二是教学过程中关注学生的主体地位，激励学生积极参与，保证教学效果；三是线上线下混合式教学，适应了当代全媒体发展和学生的需求，同时及时记录了大量教和学的信息，方便后续整理研究；四是教学评价体系收集了国内近50所高校的有效样本，从学校、教师和学生等3个一级指标和重视程度、吸纳意愿、提升效果等9个二级指标进行全面评价，及时了解课程教学效果。当然将来还会在这些方面持续改进。当商业银行学课程思政建设进入"深水区"，也开始面临很多专业课遭遇的"瓶颈"，集中体现在教师主导作用的发挥、德育元素的持续挖掘、协同育人机制的完善等方面，有待进一步探讨和解决。

四、商业银行学课程思政的未来思考

（一）提高教师德育意识和能力

2020年12月上海发布《关于深入推进上海高校课程思政建设的实施意见》，明确从制度层面对课程思政进行规范，特别是对教师的育人意识和能力提出了更高要求。

"师者，所以传道授业解惑也"，作为教师，首先要"传道"，要"明德"。这就要求老师们要改变思维方式和教育教学理念，在教学过程中自然融入德育元素，实现"润物细无声"的育人效果。

除了德育意识，还要具备德育能力。以德育人并非简单地灌输观点与结论，备课过程可以有意识地从德育角度去准备相关素材。在授课过程中，首先是上好专业课，在此基础上适时融入思想政治教育元素加以点拨或升华，启发学生自己去思考和体会，达到举重若轻、春风化雨的效果。"课程思政"其实更考验教师知识储备、人文素养和授课水平。如果老师自己一知半解，专业课讲解不透彻，在此基础上融入德育内容，可能会对学生产生认知方法和价值观上的误导。其次，思想政治教育元素十分丰富，包括理想信念、理论知识和价值理念等诸多内容，要加强对专业课老师的培训，从国家层面的高校思想政治理论课骨干教师研修班，到学校或学院自主安排的各种培训活动，有效提升教师的思想政治教育理论素养。再次，当代学生接收信息的渠道日趋多元，反感形式主义和直接宣教，老师在授课内容和形式上都要下工夫，从基础理论讲授、案例分享、热点追踪到课外实践，从线上到线下，既要有"故事"，还要有"讲故事"的技巧，在潜移默化中完成立德树人的目标。

因此，作为专业课教师，自身要具备师德风范，正确的政治导向和专业理论，要凝练出与课程内容密切相关、能与学生产生共鸣的德育元素，并将其有效融入课堂实践。

（二）持续挖掘更新思政元素

随着理论和实践向前推进，要不断更新和充实课程思政内容供给，提高课程教学实效。

首先，可以重读经典理论挖掘思政元素。一是学习马克思主义唯物史观，学习使用辩证的方法思考和解决问题；二是马克思关于银行的论述，如银行体系的形成需要满足一定的经济社会条件，银行有其特殊的运行机理等，这些理论在当代依然具有指导意义。

其次，及时学习相关国家战略、金融和银行领域的法律法规和相关政策，挖掘其中蕴含的育人功能。银行服务于国家和产业发展大局，承担了很多社会责任，这本身就是德育素材。银行业又是受到严格监管的行业，教师先学习梳理依法治国理念，然后结合银行实际运营，在课堂教学中有机融入银行依法经营的案例，渗透法治观念，涵养法治思维。

同时，还可以引导学生深入社会实践，多关注现实问题，比如中小银行改革、银行公司治理、银行业务和产品创新、银行监管改革和完善风险管理等。要立足于中国实际，勇于创新、积极求变，让金融成为经济社会高质量发展的重要支撑，激发学生的家国情怀和经世济民的理想。

金融行业对从业人员的职业道德操守也有很高的要求，可以结合典型案例引导学生养成遵纪守法、爱岗敬业、无私奉献的职业品格和行为习惯。

（三）进一步关注协同育人机制

在立德树人的教育大背景下，作为育人的主体，高校教师可以在目标协同的条件下，组建各种教学团队或搭建教学平台，实现资源协同和良好育人效果。

这种协同可以是加强外部合作共享，充分利用各种已有的优秀的德育资源，也可以是和校内的思政课程、综合素养课程老师，包括其他专业其他课程的老师合作，共建、共享德育资源，通过建立畅通的信息沟通渠道和教学交流机制实现有效互补和合作。

参考文献

[1] 高德毅,宗爱东.从思政课程到课程思政:从战略高度构建高校思想政治教育课程体系[J].中国高等教育,2017,53(1):43-46.

[2] 邱伟光.课程思政的价值意蕴与生成路径[J].思想理论教育,2017(7):10-14.

[3] 陆道坤.课程思政推行中若干核心问题及解决思路:基于专业课程思政的探讨[J].思想理论教育,2018,34(3):64-69.

[4] 王学俭,石岩.新时代课程思政的内涵、特点、难点及应对策略[J].新疆师范大学学报(哲学社会科学版),2020,41(2):50-58.

[5] 余江涛,王文起,徐晏清.专业教师实践"课程思政"的逻辑及其要领:以理工科课程为例[J].学校党建与思想教育,2018(1):64-66.

金融科技公司的经营与监管课程思政教学探索与实践

刘 运 陈 兵

摘要：全面整合与深入挖掘金融类课程中的思政元素是加快课程思政建设的重要抓手和关键路径，也是落实立德树人根本任务的内在要求与基本保障。本文以金融科技公司的经营与监管课程为载体，阐述了其课程教学和思政教育相互融合的必要性，着重从教学目标、教学方法、教学内容和教学评价四个方面阐释了该专业课程在思政教学设计中应重点把握的方向。在此基础上，通过引入课堂教学实践案例，考察了课程思政的深层实践效果，最终形成若干可供参考的教学反思，以此推进金融类课程思政教学水平持续提升。

关键词：金融科技公司的经营与监管；课程思政；教学探索；教学实践

一、引言

古人云："敬教劝学，建国之大本，兴贤育才，为政之先务。"习近平总书记高度重视高等教育和思政建设，强调思想政治工作从根本上说是做人的工作，要坚持把立德树人作为中心环节，把思想政治工作贯穿教育教学全过程，实现全程育人、全方位育人，努力开创我国高等教育事业发展新局面。2020年，教育部印发了《高等学校课程思政建设指导纲要》，提出"要深入梳理专业课教学内容，结合不同课程特点、思维方法和价值理念，深入挖掘课程思政元素，有机融入课程教学，达到润物无声的育人效果"。这是对习近平总书记关乎高校思政工作重要讲话精神的深切回应与有效落实。

上述讲话和文件为高校教育改革指明了方向，为高校教师探索新型有效的教学模式提供了精神指引和根本遵循，尤其是对教师们开展思政工作和相关教学工作提出了高标准和高要求。因此，在新时期背景下，高校教师要将课程思政放在突出位置上，以实现课程与思政的科学融合为目标，综合考虑所承担课程的内容、特征和讲授对象，在日常教学过程中注意思考教学内容、教学方法设计和评价方式改进，担当好新时代赋予教师的育人使命。

随着国家对思想政治教育的关注度不断提高，有关金融类课程思政的教学研究与实践日益增多。党的二十大报告指出，要加快发展数字经济，促进数字经济和实体经济深度融合。而在数字经济时代，金融科技作为数字技术驱动的金融创新，已成为深化金融供给侧结构性改革、增强金融服务实体经济高质量发展能力的重要引擎。在此背景下，将金融科技公司的经营与监管这门课程与业界实践相结合的同时融入思政元素，不但对活跃在教学一线的高校教师更好地理解和实施金融类课程思政大有裨益，而且对推动综合育人机制落地，为实体经济发展提供人才储备具有深远意义。本文拟从金融科技公司的经营与监管课程与思政要素融合的必要性入手，在阐述该课程教学设计基本思路的基础上，探讨课堂思政实践案例及其实践效果，最终形成可供同行参考的教学反思。

二、金融科技公司的经营与监管课程思政的必要性

一方面，将思政元素融入本课程是金融科技时代赋予高校金融科技教学的时代使命。2022年1月，中国人民银行发布《金融科技发展规划（2022—2025年）》（以下简称《规划》），明确指出要强化金融科技治理，健全协同共治的金融科技伦理规范体系，并且要扎实做好金融科技人才培养，持续推动标准规则体系建设。金融科技伦理是包括金融科技公司、传统金融机构以及行业从业人员在内的广泛社会主体在参与金融科技活动的过程中理应恪守的行为规范和道德准则。在相关课程教学开展过程中，预

先培养未来有志于从事金融科技岗位学生的社会责任意识、伦理规范意识和职业道德修养显得尤为重要。大量新型金融科技企业、机构的诞生对金融科技人才的需求巨大，但目前校企存在供需不协调的问题。金融科技应用领域所需的复合型人才应既懂金融传统业务知识，又具有互联网创新思维。将创新精神和理想信念等思政元素融入课程，有助于为社会输送更多的高水平和高素质金融科技人才，更好地实现新时代教书育人的使命。

另一方面，将思政元素融入本课程中是适应国际国内环境复杂变化的必然要求。毫无疑问，金融科技是发展的利器，但若缺失向善的牵引力量，金融科技也可能成为风险的源头。从窃取用户个人信息到算法歧视、算法控制，利用算法可能会诱导用户沉迷网络、过度消费，倘若金融科技的应用破坏社会秩序，则后果不堪设想。在当前环境下，迫切需要将思政元素融入金融科技公司的经营与监管的教学设计和课堂实践，进而对塑造学生价值观发挥积极作用。一是该课程教学除了要体现出金融科技技能和素养，还应避免知识单一化以及教学目标偏颇等问题，重视将思政元素融入教学设计，潜移默化地影响学生并使其成长为符合社会需要的全面性人才。二是当前金融科技发展日新月异，其融入金融活动的各个方面，与高校大学生生活也息息相关，多元复杂的价值观和文化很容易对大学生的认知和行为形成较大冲击，比如互联网消费信贷倘若被异化为个人加杠杆工具，很容易对大学生造成不良影响，故亟须督促学生树立健康的金融价值观，培养他们养成正确的金融科技使用习惯。

三、金融科技公司的经营与监管课程思政教学设计

金融科技公司的经营与监管课程思政教学设计是改善金融科技教学效果的有力工具，在教学实践和学生情感、价值观之间搭建桥梁。金融科技课程思政教学设计旨在达到更好的课堂育人效果，帮助学生积累金融科技领域的相关知识技能，培养良好的职业素养和道德情操，全方位地提升其自身能力和素质，故应针对性地有序融入思政资源，恰如其分地呈现思政

色彩。对于该门课程，可从教学目标、方法、内容和评价四个维度进行具体的思政教学设计。

(一) **教学目标设计**

金融科技公司的经营与监管这门金融类课程，是一门应用性较强、针对金融类专业学生的选修课，注重经济学与金融学、计算机技术尤其是大数据、区块链、人工智能等多学科交叉知识的讲授。它根据金融人才培养需求，着重培养学生的宏观大局意识，使其具备运用现代金融科技知识自主解决金融科技行业实际业务问题的能力，即理论知识应用与独立创新能力，促使学生了解国内金融科技发展动态和政策法规，引导学生培育社会主义核心价值观，帮助学生建立综合性、多层次、复合型的能力结构。因此，教师在讲授金融科技公司的经营与监管课程过程中，应注重适当挖掘蕴含其中的爱国主义情怀、开拓创新精神、风险合规意识和社会责任意识等一系列丰富翔实的思政元素，培育出既具有崇高职业素养又具备专业技能的金融科技人才，达到专业知识体系教育和学生思想政治教育的高度融合，进而实现育人和育才的有机统一。

(二) **教学方法设计**

为达成该门课程的思政教学目标，在新时代背景之下亟待创新教学方法。我们身处的时代充分彰显了智能化、信息化和移动化特征，课程思政教学应借助科技进步实现教学模式转变。信息技术发展使得教学活动不论在时间还是空间上都变得富有弹性，尤其是为师生开发极具学习价值的数字化课程资源，打造远程学习、网上学习、在线学习和虚拟学习社区等新型学习社区，拓展了课程领域的边界。因此，为了提升金融科技公司的经营与监管课程思政的教学效果，教师应主动拥抱新时代和新趋势，将传统教学模式和现代信息技术有机结合起来。本课程采用混合式教学法，采取线上和线下相结合的方式，在专业知识中融入思政元素。

基于混合式教学的基本思路，本课程注重以学生为中心，灵活采纳案例分析、提问、分组讨论、翻转课堂等形式，提升课堂互动性和学生参与度，积极调动学生的多种感官。通过案例教学和深度学习，引导学生探索现实问题和热点问题，深入挖掘理论知识外壳下的思政内涵和价值，使其在国家战略大背景下理解金融科技公司的经营业务和监管现状，培养应用所学服务社会的理念，促进学生全面发展。具体而言，在线上教学环节中，充分利用超星学习通、慕课、微课、B站、雨课堂等网络平台，挖掘具有思政元素的教学资源，在课前上传思政案例材料、新闻报道或短视频等资源供学生预习，课后发布拓展阅读材料及作业；在线下教学环节中，结合金融科技政策文件解读，将金融科技知识和金融科技公司的相关思政案例相结合，在课堂上通过小组讨论、合作学习、同伴教学、主题辩论、角色扮演等交互式活动，重点展示金融科技服务经济发展的战略意义，实时融入金融风险意识和诚信创新意识以及包容开放的社会服务和团队协作意识等思政元素。

（三）教学内容设计

金融科技公司的经营与监管是金融类专业学生短学期选修课程，首先，其通过介绍金融科技公司开展的金融及非金融业务，引导学生了解金融科技在服务实体经济高质量发展和"双循环"新发展格局中的重要作用，培养学生的敬业精神、爱国情怀和大局观念；其次，帮助学生掌握金融科技公司面临的主要风险，熟悉各风险类别的管理措施，了解金融科技公司内部监管科技的最新发展动态，进而让学生更好地理解风险意识、合规意识和职业道德的重要性；再次，使学生熟悉金融科技公司的现行监管主体，理解国家宏观层面的监管政策法规体系及其对金融科技公司发展的影响，引导学生遵循金融发展规律，培养其敬畏金融风险、严守合规底线、依法诚信创新的意识，助力构建理性健康的金融科技新生态；最后，学生应了解现阶段主流金融科技公司的发展战略及战略得以实施的组织和文化支撑，教育学生提高组织协调能力、沟通能力和领导能力，感受企业文化背后的创新创业精神和追求卓越精神，并倡导学生预测金融科技公司的前沿趋势，把握现在，启迪未来，使其对未来从事相关行业或岗位怀抱美好憧憬。

(四)教学评价设计

课程思政教学评价应结合思政教学目标的完成度以及课程思政教学设计与现有课程体系的融合度进行。本门课程的教学评价涵盖思政教学资源准备、思政教学设计和思政教学实践等各个教学环节。评价内容围绕学生的课程思政学习成效及认同感、教师培养学生思政素养和良好精神品质的成效和方法两方面展开。对学生的思政评价分为线上和线下,包括过程性评价和结果性评价。其中,过程性评价侧重于课堂表现和课外作业,包括生生互评、师生评价等量化评价方式;结果性评价的主要内容为终期期末论文评价,并将思政元素融入主题范围设置和评价标准制定中。

四、金融科技公司的经营与监管课程思政教学实践

(一)课程思政实践案例

在"金融科技公司的监管"这一主题内容下,导入案例e租宝事件,以便引领学生从该案透视金融科技监管。2015年底e租宝爆雷,对金融科技行业影响深远。e租宝全称为金易融(北京)网络科技有限公司,其平台主打A2P互联网金融创新,理财产品收益率在9.0%~14.2%。2015年12月16日,e租宝网络金融平台涉嫌犯罪被立案侦查,被查明非法吸收115万余人资金共计762亿余元。e租宝从最初就是一场庞氏骗局,对外宣传的融资租赁经营模式和项目根本是子虚乌有,并曾进行虚假宣传,声称1元起投,随时赎回,承诺高收益低风险,而后却将巨额资金用于个人挥霍、随意赠予、投资不良债权及走私等违法犯罪活动。2017年9月12日,北京市第一中级人民法院对此案进行公开宣判,26人因集资诈骗获刑,并判处罚金。2020年1月8日,e租宝案进入资金清退阶段。至此,历时4年之久的e租宝事件落下帷幕。

(二)案例思政元素设计思路

依据课前学情分析,学生经过前期学习,对相关行业动态和政策法规有一定了解,但对金融风险和科技风险以及金融科技风险的认知还停留在

表层阶段。在教学时，教师需要重点强调防范金融科技风险的重要意义，讲清金融科技创新和风险间的关系。因此，课前让学生线上阅读材料和观看视频，展示 e 租宝互联网金融非法集资的典型案例，有助于帮助学生理解金融科技创新衍生的风险及相应监管要求。

结合"金融科技公司的监管"这一主题相关思政案例，线下在课堂上进行以下问题设计：一是通过查阅相关监管制度，谈谈你对合规风险的理解，e 租宝的经营是否存在合规风险问题。二是讨论可否利用金融科技手段损害市场效率和投资者利益。三是假如未来供职于金融科技企业，你认为在日常业务办理和技术应用过程中，应如何规范自身职业行为，防范合规风险。四是 e 租宝的 A2P 是否是"伪创新"。为什么说"伪创新"蕴藏潜在风险，是短暂且不可持续的，而真正意义上的金融创新，应具备提升金融业竞争力和预防金融风险的能力。五是中国建行原董事长王洪章指出："金融科技思维强调的是效率、质量和客户体验，而金融思维强调的是风险防控，这两种思维模式需要在更高的层次上进行一个平衡。"你认为应该如何实现更高层次上的平衡。

基于上述问题，学生进行分组讨论和汇报，加深对思政案例的理解，巩固所学章节内容，同时，在小组合作的过程中提升团队协作和沟通能力等综合素养。就问题设计而言，问题一主要是培养学生的风险意识和合规意识，加强学生的道德观念和职业修养；问题二主要是培养学生的理性思维、社会责任意识和爱国主义情怀；问题三旨在提升学生的职业认知，培养其遵守金融科技伦理；问题四侧重于培养学生的创新精神和辩证精神，使其认识到金融科技创新存在伪创新，要辩证看待创新问题；问题五引导学生更好地理解在金融科技创新中防范风险的重要性，以及深刻认识金融科技行业服务实体经济的使命。

（三）课程思政案例实践效果

结合"金融科技公司的监管"这一主题，通过导入金融科技行业典型事件，即 e 租宝思政案例，采用线上和线下的混合式教学模式，将思政元素和该门课程紧密联结。在进行案例教学、小组讨论等活动后，金融科技公司的监管课程中的德育因素得以进一步挖掘，学生们对金融科技的学习兴趣得到大幅度提升，自主学习性和内在驱动性也大大加强。经过案例分析和讨论，学生普遍认同金融科技是把"双刃剑"，提升风险意识尤为重要，未来在工作领域会勇敢迎接未知挑战，而且在课后会主动搜索金融科技创新方面的典型案例，以巩固拓展课堂所学知识。

五、金融科技公司的经营与监管课程思政教学反思

为了更好地落实立德树人根本任务，上海立信会计金融学院积极进行专业课程思政改革，作为新时代具有鲜明时代特色的金融类课程，金融科技公司的经营与监管这门课程的思政教育教学实施过程中，需要重点关注以下几个方面，不断提升学生的课程思政学习体验效果。

（一）加强课程思政顶层设计，集中凝聚思政元素

鉴于金融科技公司的经营与监管课程内容比较丰富，涉及知识范围较为广泛，故结合教学内容重点有的放矢地融入思政元素很有必要。然而，一般范式是先梳理章节内容和重点，然后从中深挖思政元素，这种做法会导致思政元素分散且容易重复。因此，要进一步加强思政顶层设计，形成完善的思政体系，注重课程思政教学目标、教学方法、教学内容和教学评价的科学设计，应明确每个章节知识点集中体现的思政元素，并在教学实施过程中凸显，将课程思政教育全面贯穿于各个环节中。

（二）深入挖掘课程思政元素，精准对接专业课内容

这门课兼具专业性和跨学科性，教学内容与思政的涉及领域有较大差异，从中挖掘思政元素有一定难度，从思政切入点与金融科技知识体系的关联中精准寻找对接点实属不易。在此情形下，更需要在对课程思政改革的总体把握基础上，充分挖掘该门课程独特的思政元素，厘清思政元素与专业内容的契合关系，尤其是精准定位该课程与思政元素的联结点，在专业教学的最佳切入点中引入思政元素。从课程所涉专业、国家、国际、文化、历史等角度，拓展课程的思政性、知识性和人文性，实现思政元素与专业课程的深度融合。

(三) 课程思政要注重实践层面，充分彰显实践育人功能

该门课程是理论与实践相结合的课程，课程思政也应注重理论和实践的统一，在进行理论讲授时可进一步结合一些现实案例进行启发性思政教育，并丰富案例教学形式。同时，组织开展能够满足学生个性发展、突出金融科技专业课程特点、符合社会需求的社会实践活动，可拓展第二课堂和社会课堂空间，通过学生主题讲座、邀请实务部门专家进行专题讲座、建设金融科技综合模拟实训室、学生专业实习、社会志愿服务和组织开展对金融科技企业的参观考察等，让学生在实践中提升道德修养和职业素养，树立远大理想信念，培养爱党爱国情怀。

参考文献

[1] 习近平.全国高校思想政治工作会议讲话稿[N].新华社,2016-12-08.

[2] 教育部.教育部关于印发《高等学校课程思政建设指导纲要》的通知[EB/OL].(2020-06-05)[2022-12-07].http://www.moe.gov.cn/srcsite/A08/s7056/202006/t20200603_462437.html.

[3] 许志,谢成博.全英文专业课课程思政建设初探:以"公司金融"为例[J].中国大学教学,2021(10):55-59.

[4] 杨睿.课程思政下高职院校金融专业协同育人有效方法研究[J].中国职业技术教育,2022(5):88-91.

[5] 新华网.高举中国特色社会主义伟大旗帜 为全面建设社会主义现代化国家而团结奋斗:在中国共产党第二十次全国代表大会上的报告[EB/OL].(2022-10-25)[2022-12-07].http://www.news.cn/politics/leaders/2022/10/25/c_1129079429.htm.

[6] 中国人民银行.中国人民银行印发《金融科技发展规划(2022—2025年)》[EB/OL].(2022-01-04)[2022-12-07].http://www.pbc.gov.cn/goutongjiaoliu/113456/113469/4438627/index.html.

[7] 唐佳妮,徐天瑶,袁先智,等.金融科技复合型人才评价指标体系构建研究:兼论协同培养机制[J].上海立信会计金融学院学报,2021,33(1):103-118.

[8] 中国银行保险监督管理委员会."E租宝"集资诈骗、非法吸收公众存款案[EB/OL].(2019-07-02)[2022-12-07].http://www.cbirc.gov.cn/cn/view/pages/ItemDetail.html?docId=223566&itemId=967&generaltype=0.

全英语专业课课程思政实施路径研究
——以公司金融（全英语）课程为例

吴 艳

摘要：全面推进课程思政建设是落实立德树人根本任务的战略举措。新时代高校应以产出一流成果和培养一流人才为目标，深入挖掘课程思政元素，有机融入专业课程教学，达到润物无声的教学效果。本文以公司金融（全英语）课程为例，探析专业课课程思政建设的具体实施路径，将思政元素融入教学全过程，实现价值塑造、知识传授和能力培养的有机统一。

关键词：课程思政；公司金融；全英语课程；实施路径

习近平总书记在全国高校思想政治工作会议上强调，"要用好课堂教学这个主渠道，使各类课程与思想政治理论课同向同行，形成协同效应"。教育部印发的《高等学校课程思政建设指导纲要》指出，要将课程思政融入课堂教学建设全过程，"要紧紧抓住教师队伍'主力军'、课程建设'主战场'、课堂教学'主渠道'。"高校要以立德树人为根本任务，深入挖掘提炼专业课程所含的思政元素，并融入课堂教学过程，实现价值塑造、知识传授和能力培养的有机统一，推进专业课程与思政课程的协同作用，形成"三全育人"格局。专业课程是课程思政建设的基本载体。要深入梳理专业教学内容，结合专业特点分类推进课程思政建设。本文以公司金融（全英语）课程为例，探索全英语专业课课程思政的实施路径。

一、全英语专业课课程思政建设的必要性

培养什么人、怎样培养人、为谁培养人是教育的根本问题。全英语专

业课在这个问题上必须把握好方向，必须牢记为党育人、为国育才的使命，培养德智体美劳全面发展的社会主义建设者和接班人。新时代高校要全面提高人才培养质量，要使各类课程与思政课程同向而行，将显性教育与隐性教育相统一，构建全员全程全方位育人大格局。

以金融学专业为例，按照本科人才培养目标，该专业培养的学生主要面向金融服务机构，从事与货币、证券等金融资产相关的工作。经过本科阶段培养，金融学专业毕业生能够养成良好的思想政治素质，拥有良好的道德品质和金融职业操守，拥有优良的诚信品质以及较强的社会责任感和奉献精神。专业课程不仅要传授学生专业知识和实践技能，还要培养学生的良好的道德品质和职业精神。

全英语专业课在教学过程中将使用到国外的英语教材和教学资源，因此，对全英语专业课的课程思政建设提出了更高的要求。许志和谢成博（2021）认为教学使用的来自西方的教学资源，我们应该"取专业知识的精华，去意识形态的糟粕"，重视立德树人和英语教学的道术相济，帮助学生及时掌握最新国际研究态势。因此，教师需要通过强大的思想政治素养引导学生去除糟粕汲取精华，提升学生的国际化协作能力，并及时掌握国际上最新的研究成果和科研动态。

专业课全英语教学对于培养具有国际视野的人才具有重要意义。全英语教材和相关资料，能够更好地帮助学生提升对专业知识的理解。当今世界信息技术日新月异，我国同世界的联系更加紧密，培养学生的自主学习和批判性思维能力尤为重要。蔺捷（2021）以国际金融法全英语课程为例，强调了全英语课程旨在培养具备国际化视野和复合型能力的专业人才，同时指出国际金融法全英语教学是培养涉外法律专业人才的前沿阵地。因此，全英语专业课的课程思政建设有其天然的必要性，要求教师在传授专业相关知识的同时注重培养学生的思维能力。

二、公司金融（全英语）专业课课程特点

公司金融（全英语）课程是一门专业必修课程，主要面向大三金融学

专业（国际化班）的学生。该课程是一门理论与实践并重的专业课程，需要学生有一定的数理知识和专业知识基础，公司金融课程的主要理论体系产生于欧美的市场实践。资本结构理论包含了莫迪利安尼（Modigliani）和米勒（Miller）的理论成果，课程实践部分包括投资决策方法、股票和债券的价值估算、公司价值的估算、资本成本的计量，而且需要对实际问题进行分析并做出决策。显而易见，公司金融课程是一门理论性和实践性都很强的课程，需要学生投入时间和精力学习。

课程主要任务是教授学生现代公司金融的理论知识和实务，培养学生分析和解决问题的能力，夯实今后从事相关工作的理论研究和实践基础。该课程旨在帮助学生提高企业投资和融资决策所需的技能，并对企业财务决策的学科能力和分析技能有全面的了解。课程主要内容包括财务报表分析、现金流量管理、现金流量折现分析和其他估值技术；风险和回报；资本资产定价模型；债券估值和证券估值；投资决策准则、公司资本结构与财务政策、资本预算；合并和收购以及国际背景下的投融资决策等。该课程通过融入法治教育思政元素，学生深刻理解在工作中要恪守职业道德，端正职业态度，坚定经世济民的使命和担当。

学生通过本课程学习，掌握以下知识、能力和素质：一是提高思想政治素质，树立正确的世界观、人生观和价值观，深刻理解习近平新时代中国特色社会主义思想。二是传承诚信品质，践行社会主义核心价值观，恪守"立信"校训。三是具备良好心理素质，提高在金融行业工作所需具备的较强抗压能力、创新意识和变革能力。四是掌握学科专业基础知识，理解公司金融相关概念、理论知识和分析框架模型。五是提升决策分析能力，能够利用分析工具，处理常规的公司金融决策问题，具备对现实公司金融行为进行分析的能力。

三、公司金融（全英语）专业课课程思政实施路径初探

立德树人成效是检验高校一切工作的根本标准。大学生不仅要有过硬的专业素养，更要具备良好的综合素养。本文以公司金融（全英语）课程

为例，挖掘提炼公司金融（全英语）课程中的思政元素，通过教学目标、教学内容、教学方法、教学资源及教学评价等方面探析课程思政的具体实施路径，将思政元素融入课堂教学过程中，以实现价值塑造、知识传授和能力培养的有机统一，如图1所示。

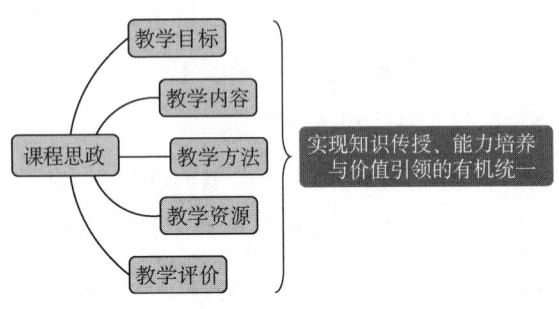

图1 公司金融全英语专业课课程思政实施路径

（一）教学目标

公司金融（全英语）专业课的目标是使学生具备公司理财的理论知识和实务能力，具备良好的思想政治素质、诚信品质，拥有良好的心理素质和扎实的学科知识素养。公司金融（全英语）课程将课程专业目标与思政育人目标相结合，将思政元素渗透每个章节。例如，学科知识素养，是指课程相关知识的内容和实务操作能力，具备初步分析解决公司金融问题的能力。道德修养，包括传承诚信品质，增强社会责任感等。

（二）教学内容

学生通过学习掌握现代公司金融的理论和实践知识，提升运用公司金融理论框架分析解决公司金融问题的能力，在教学内容的设计上需要将思政元素融入课堂教学过程，实现价值引导和知识传授的有机统一。在财务报表分析模块，融入"职业道德准则"职业素养教育，引导学生在工作中要时刻谨记身份，敬业爱岗，恪守职业道德，端正职业态度。在委托代理理论模块，融入法治意识，结合公司信息披露的重要性以及内幕交易的危害性对学生进行法治教育，引导学生树立法治观念。在货币时间价值模块，运用复利计算，分析贷款利息，让学生明白不良网络借贷的危害，培养学生理性消费的价值观。在全英语课程教学内容中融入课程思政元素，促进学生形成正确的世界观、人生观、价值观。

（三）教学方法

在授课过程中教师运用启发式教学、案例教学、小组讨论等多种教学方法，不断提升学生的课程学习体验和学习效果。在资金的时间价值模块，通过案例分析、实训练习和小组讨论，使学生掌握资金时间价值基本原理，增强自觉运用资金时间价值理论指导实践的能动性，把握"人生"时间价值。同时，在设计课程考核项目时，也充分考虑到思政隐性教育。比如，通过对作业原创性、按时提交作业等要求设计，强调诚实守信的道德素养，提高学生对诚信的重视度，珍惜个人的信用名片。

（四）教学资源

授课教师积极开发线上教学平台，丰富课程配套资源，使线上教学资源能够发挥思政育人的作用，通过录制课程视频课件，遴选符合课程思政要求的国外案例，分享优质慕课视频链接等不断完善线上课程框架，通过实施线上线下混合式教学模式，同时充分利用线上教学平台的互动功能，增加课堂互动。教师可利用线上教学平台及时掌握每位学生的线上学习情况，督促学生提高自主学习积极性。建设符合课程思政育人的线上课程配套资源，有助于帮助学生提升政治认同、家国情怀、文化素养、法治意识、道德修养等。

（五）教学评价

要结合过程性考核和终结性考核，构建多元化的考核评价体系。课程过程性考核包括课堂考勤、课堂互动、团队作业、课外作业、课堂演讲以及期中小测验，与终结性考核期末考试相结合。一方面，每一项考核需要对应相应的课程教学目标，并且难易搭配合适；另一方面，考核之间有一定的相关性，考核的整体设计能从多维度评价学生对课程知识的理解和运用。课程思政的成效需要在教学评价中得以体现如学生可以深入理解公司在投资和融资过程中应遵守的职业道德等。

四、总结

由于全英语专业课的课程特点,课程思政建设对全英语专业课显得尤为必要,既要培养学生专业技能,又要融入课程思政元素。本文以公司金融(全英语)课程为例,对公司金融(全英语)课程的思政建设进行设计,从教学目标、教学内容、教学方法、教学资源及教学评价等方面探析课程思政的具体实施路径,将思政元素融入课程建设,引导学生正确认识中国特色,客观看待外部世界,以实现价值塑造、知识传授和能力培养的有机统一。公司金融(全英语)专业课的课程思政建设没有完成时,只有进行时,我们在摸索中继续前行,在迭代教学过程中不断完善,不断更新。

参考文献

[1] 蔺捷.新时代专业课全英语教学探索:以国际金融法课程为例[J].山西经济管理干部学院学报,2021,29(1):85-89.

[2] 罗薇薇,杨宓."三全育人"视角下高职课程思政的实施路径研究:以公司理财实务课程为例[J].高等职业教育天津职业大学学报,2021,30(4):73-77.

[3] 王健,史云,吴冬梅."金融学"课程中的思政元素挖掘与教学改革探索[J].黑龙江教育(高教研究与评估),2021,(11):30-33.

[4] 王雪梅.OBE理念下全过程混合式教学模式在"公司金融"中的应用研究[J].科教导刊,2022,(8):126-128.

[5] 许志,谢成博.全英文专业课课程思政建设初探:以"公司金融"为例[J].中国大学教学,2021,(10):55-59.

[6] 习近平.习近平在全国高校思想政治工作会议上发表重要讲话[EB/OL].(2016-12-08)[2022-09-15].http://www.moe.gov.cn/jyb_xwfb/s6052/moe_838/201612/t20161208_291306.html.

[7] 中华人民共和国教育部.高等学校课程思政建设指导纲要[EB/OL].(2020-06-01)[2022-09-15].http://www.moe.gov.cn/srcsite/A08/s7056/202006/t20200603_462437.html?from=timeline&isappinstalled=0.

[8] 中华人民共和国教育部.新文科建设宣言[EB/OL].(2020-11-03)[2022-09-15].http://www.moe.gov.cn/jyb_xwfb/gzdt_gzdt/s5987/202011/t20201103_498067.html.

下篇 实践

亏损节税：金融工具创新的初心与使命

张珺涵

在讲授亏损节税知识点时，首先，教师通过启发性思考题导入，引发学生思考、剖析国内外智能投顾投资节税功能创新的差距与现状，激发学生使命担当意识。通过亏损节税设计的讲解，引导学生思考如何在智能投顾的投资方法设计中采用税收优化设计满足客户效用最大化，提升学生的服务意识、创新意识。其次，结合Wealthfront的亏损节税工具创新，让同学们认识到金融工具创新的日新月异，意识到国际视野和创新精神的重要性。正是因为有无数专家和程序员坚持不懈地努力，才能使Wealthfront这种相对普惠的智能投顾服务为公众所使用。最后，结合美国证券交易委员会（简称SEC）对智能投资顾问公司Wealthfront涉嫌向客户提供虚假的税收亏损收割信息等进行诉讼的案例，培养学生的法律意识、合规意识，坚守金融工具创新的初心与使命。

一、教学目标

教学主题：智能投顾的税收优化设计。

教学内容：智能投顾亏损节税业务，国内外智能投顾公司税收优化设计案例。

教学目标：熟悉智能投顾税收优化的概念，掌握国内外智能投顾公司的税收优化设计方案。

二、思政育人目标

（一）设计思路

首先，通过Wealthfront的投资节税功能的设计，剖析国内外智能投顾投资节税功能创新差距现状，激发学生的使命意识与担当精神。其次，通过 SEC 对 Wealthfront 涉嫌向客户提供虚假的税收亏损收割信息，同时违规转发用户称赞推特、付费购买软文推广，以及产品合规条款无法满足证券法的诉讼，引导学生注重职业操守的提升，加强道德情操的建设，遵纪守法，树立正确的"三观"。最后，结合国内外智能投顾公司税收优化金融工具的创新设计，引导学生扩展国际视野，注重创新意识的培养。

（二）设计目标

1. 使命担当意识

智能投顾的税收优化设计做法在国外做得较为成熟，国内由于金融市场尚不完全发达、ETF 规模较小、国内投资者散户多，并且主要目的不是投资而是投机等，对智能投顾产品的设计尚待完善。在税收优化设计落于人后的客观背景下，通过这个案例激发学生的责任意识与担当精神。

2. 合规意识

智能投顾是金融科技在投资顾问领域的应用，是一种金融创新，但在其产生过程中也出现了一些乱象。金融创新不能脱离金融的本质，业务创新中需合规、合法，符合监管要求。这个案例教学可激发学生提高合规意识，注重职业道德培育。

3. 国际视野和创新意识

智能投顾最初起源于硅谷，服务对象在美国。通过对此案例中税收优化设计的介绍，可让学生认识到税收设计的地域和法制差异性及产品创新的系统性，有利于培养学生的国际视野和创新意识。

（三）育人主题

以理想、信念教育为主题，不断引导学生树立正确的价值取向，承担社会责任，树立法律意识。培养学生的诚信品质、家国情怀和创新精神。

三、教学实施

（一）教学理念

"春风化雨，润物无声"是教师追求的理想境界。介绍智能投顾案例弘扬了业界专家的奉献情怀和坚韧不拔的精神，也激发了学生追求创新的志趣。通过对金融专业、技术领域、人们日常生活和财富安全相关知识的介绍，建立知识与人、与事物、与生活的交融关系，充分激发学生的学习热情和担当意识，培育其合规意识和国际视野。

（二）课程思政融入的教学内容

课程思政融入的教学内容见表1。

表1　课程思政融入的教学内容

环节	教学过程	课程思政
案例导入	国内外智能投顾投资节税功能创新差距现状	（1）激发学生的使命担当意识
知识讲授案例教学	亏损节税概念：投资亏损节税是指通过出售亏损证券以抵消资本利得税的行为 亏损节税原理：亏损节税通过利用价值下降的投资来发挥作用，这在广泛多样化的投资组合中很常见。通过出售低于其购买价格的投资，可以产生税收损失，进而抵消其他应税项目，从而降低投资者的税收。投资组合的风险和回报也保持不变。这些亏损节税甚至可以再投资，以进一步增加投资组合的价值 投资亏损节税场景示例：亏损节税可以用来推迟税收负债，而不是避税。因此，如果在短期投资期间（即少于两年）应用它几乎没有价值，但如果长期执行则可能非常有价值。通过描述两个持有期间情景下的收益的示例加以说明 情景1（1年投资期限）：假设您以每股100元的价格购买1 000股ETF A，总投资额为100 000元。几个月后，市场下跌至ETF A现在每股价值90元或总计90 000元。您出售所有ETF A股票并将其替换为等值的ETF B（500股每股180元），跟踪与ETF A轨道高度相关的指数。您现在拥有ETF B中的90 000元头寸，并且已经实现了10 000元的短期亏损以用于税收目的。ETF B以每股200元的价格收盘，当时您卖出全部头寸。您出售ETF B会产生10 000元的短期收益，从而平衡您的10 000元短期亏损。在这种情况下，收获ETF A的损失没有产生任何价值	（2）通过讲解国际亏损节税的发展历程，让同学们认识到金融工具创新的日新月异，意识到国际视野和创新精神的重要性。引导学生思考如何在智能投顾的投资方法设计中采用税收优化设计满足客户效用最大化，提升学生的服务意识和创新意识

(续表)

环节	教学过程	课程思政
知识讲授案例教学	情景2（5年投资期限）：假设您从ETF A完全相同的100 000元投资开始，几个月后它下跌了10%，此时您收获了损失并用等量的ETF B取而代之。ETF B升值至100 000元，但这次您没有清算您的账户。因此，您在该年度的净头寸实现短期资本损失为10 000元，在税率为40%的假设下，根据您的收入和其他已实现的收益应用可产生4 000元的亏损节税。如果您将节省的税收再投资，那么您的年终投资组合价值现在为104 000元。第2年，您的投资组合升值1.9%至106 000元。第2年，您的投资组合价值下降11.7%至93 600元，此时您再次收获400元的损失（基于您之前的再投资亏损节税），从而使该年度的税收节省160元（400元×40%）。您再投资160元，接下来的两年你的投资组合持平，并分别增加到104 160元。在第5年年末，您清算投资组合。此时，您必须支付ETF B的10 000元升值以及重新获得的第3年400元损失的应缴税款。然而，这次收益是长期资本收益，因此您支付较低的25%税率，这导致负2 600元现金流（10 400元长期资本收益×25%）情景2会显著节省总体税收。这种情景产生的积极经济利益可归因于税收储蓄的再投资以及短期资本收益和长期资本收益之间税率的显著差异 Wealthfront的税收损失收割案例。Wealthfront为用户提供两种税收损失收割服务：每日税收损失收割（daily tax-loss harvesting）和税收优化直接指数化（tax-optimized direct indexing）	（2）通过讲解国际亏损节税的发展历程，让同学们认识到金融工具创新的日新月异，意识到国际视野和创新精神的重要性。引导学生思考如何在智能投顾的投资方法设计中采用税收优化设计满足客户效用最大化，提升学生的服务意识和创新意识
启发探索	亏损节税有哪些作用？ 亏损节税对社会有哪些影响？ 亏损节税有怎样的发展前景？	（3）金融产品和工具创新中的法律意识、合规意识、职业道德和社会公德
学生讨论	SEC诉讼智能投资顾问公司Wealthfront侵害客户利益事件	
知识拓展	未来如何处理低成本投资组合避税？	（4）慈善捐赠的重要作用

（三）教学方法

教师采用线上线下混合式的方法，将线上阅读、线下课堂讲授、案例分析和小组讨论紧密结合。首先，课前将《来自 wealthfront 的自动节税白皮书》等相关课程学习资料发送给学生课前预习，帮助学生熟悉相关案例和基础知识。其次，在课堂上讲授税收优化设计相关知识点和国内外案例。最后，引入 SEC 诉讼智能投资顾问公司 Wealthfront 侵害客户利益事件并进行小组讨论。

四、教学效果

（一）案例开展的意义和价值

相对于金融学其他课程而言，智能投顾课程是智能化程度较高的前沿实训课程，其任务是使学生掌握智能投顾运行的技术、基本逻辑和应用。智能投顾开发的软件可以为所有客户提供亏损节税服务。在软件中实施亏损节税提高了此项产品的效率，这可以产生比传统财务顾问手工方法更大的收益。在智能投顾课程中的"税收优化设计"知识点融入思政元素，有利于让学生掌握专业知识的同时，提升职业道德和法治意识。

（二）主要成效和特色

在案例教学中，教师通过互动的教学模式，突出学生的主体地位，强调学生课前、课中、课后的全面参与和及时反馈交流；结合各种线上线下教学资源，进行混合式教学，从而使对学生学习的评价更为客观和全面。情景式、案例式等多种课堂形式，可激发学生学习积极性，调动学生主动参与教学全过程，提升其自主学习能力，真正实现"三全育人"目标。

五、启发思考

（一）案例反思

早在 2014 年，受到全球智能投顾风潮的影响，中国也成立了一批瞄准海外资产配置的智能投顾企业。然而近几年来，中国整体的智能投顾热情却出现了下降。究其原因，最重要的是监管模式的不同。国内金融市场发展尚不成熟，监管机制不够完善，且国内的 ETF 规模较小，无法完全地分散风险。国内投资者散户多，并且主要目的不是投资而是投机，价值投资者较少，中国智能投顾的发展还需要从业人员的不懈努力。作为最早的智能投顾之一，Wealthfront平台整体透明度较高。不论是从费用架构上，还是从底层投资逻辑上，Wealthfront都是公开且透明的。虽然已具有较为成熟的投资亏损节税功能，但Wealthfront并未止步于此，而是继续为客户进行税收上的优化。近年来，由于美国法律对ETF和指数基金的税收损失抵免有一定约束，Wealthfront推出了直接指数编制，不再通过ETF来直接投资美国股市，站在客户的角度不断地推陈出新。但就是这样一家以高透明度和税收优化著称的全球智能投顾头部公司，却在亏损节税的操作过程中也出现违反相关法律、损害客户利益的行为。亏损节税是提高投资组合税收效率的一种非常有用的方法，但重要的是要了解这是一种战术方法，不应干扰战略投资目标。智能投顾在中国的引入，必要经过创业者一番仔细的打磨，方可在这片华夏的大地上生根发芽。

（二）思考题

（1）由于亏损节税通过替换亏损交易的证券（ETF或股票）系统地降低了投资组合的成本，投资者可能会关注如何在未来以低成本处理投资组合。作为以共同富裕、人民福祉提升为目标的社会主义国家，未来从业人员应如何处理亏损节税的低成本投资组合来避税？

（2）在以推动普惠金融发展为宗旨，以信息透明度高著称的Wealthfront公司，原本基于最大化客户效用的亏损节税工具设计，却也出现了向客户传递虚假税收收割信息来损害客户利益、违反相关法规的诉讼事件，在金融产品和工具日新月异的当下，金融工具创新是否能坚持初心不改？

参考文献

[1] 郭册,刘奕存,宋利红.课程思政视域下金融专业学生工匠精神培养创新路径研究[J].对外经贸,2022,(4)：119-122.

[2] 杨瑞成,王桂贤,陈柱,等.红色金融思政元素创新点挖掘及其在金融类课程教学中的运用[J].内蒙古财经大学学报,2021,19(6)：69-73.

[3] 程明月.高职院校财政与金融课程思政教学改革创新探讨[J].科学咨询(教育科研)2021,(6):73-74.

[4] 姚建锋.高职院校财政与金融课程思政教学改革创新与实践[J].时代金融,2020,(8):154-155.

躬行践履，立人兴邦
——证券投资学课程思政教学案例

张 云　杨凌霄

一、课程基本信息

证券投资学是金融学类专业的国标专业必修课，主要面向大三学生开设，课程基本信息如表1所示。课程内容包括证券市场基础知识、证券工具与投资交易规则、证券分析方法与投资策略、证券组合理论与资本资产定价模型等。

表1　课程基本信息

课程名称	证券投资学	课程性质	专业必修课
学分、学时	2学分、32学时	学科	金融学
开课专业	金融学类专业	授课对象	大三学生
教材信息	吴晓求主编，《证券投资学（第五版）》，中国人民大学出版社		

二、课程目标

基于对课程特征、人才培养目标与课程思政价值意蕴的充分理解，证券投资学课程构建了知识传授、能力培养与价值塑造有机融合的课程目标体系。

（一）知识目标

掌握证券工具与证券市场的基础知识，掌握证券投资分析的理论方法，理解证券组合理论与资本资产定价模型，理解证券市场在现代经济发展中的重要作用。

（二）能力目标

熟悉证券投资分析的基本流程，能够综合使用证券投资分析方法评估证券价值并构建投资策略，具备一定的实践应用能力、风险管理能力与决策创新能力。

（三）价值目标

充分考虑个人、行业、国家不同层面需求，融合三个维度构建课程思政育人目标体系，如图1所示。

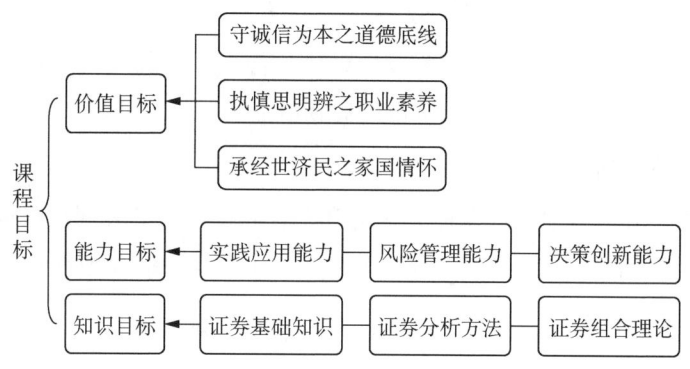

图1　课程目标体系

守诚信为本之道德底线：民无信不立，业无信不兴。诚信是金融投资市场正常运行的底层伦理，更是社会主流价值观下为人处世的底线原则。

执慎思明辨之职业素养：善于思辨，方能善于抉择。谨慎周密的思考辨别是从事金融投资工作的基本素养，更是把握事物本质和客观规律的核心能力。

承经世济民之家国情怀：经邦济世和强国富民是金融投资行业发展的最高目标，更是中国历代读书人孜孜以求的崇高理想与深情大爱。

三、教学设计与教学实施

依托自主开发的虚拟仿真实验平台，在模拟的完整市场周期中引导学生逐步完成证券分析、投资交易、策略优化等流程，并在相关实验环节引入主题研讨，以虚补实，虚实结合，实现理论知识与实践应用的无缝对接，引导学生在实验中实现认知与情感的生成性建构。

(一) 学情分析

1. 知识储备分析

学生已经基本完成证券投资学理论知识的学习，能够理解各类证券工具，掌握证券分析方法与投资交易规则，了解常用的经典投资策略与资金管理方法等，具备开展投资实验操作的基本知识储备。

2. 实践能力分析

通过理论学习，学生对证券市场与投资行为已经具有一定的感性认识，但是参与证券投资交易的实践经验还较为欠缺，需要将理论知识转化为应用能力，提升独立应对资本市场波动的能力。

3. 价值倾向分析

以"00后"为主体的在校大学生财商启蒙较早，但表现出单向度的工具务实需求，积极追求"能赚钱的知识"，但尚未清晰认识到风险意识与价值倾向的重要意义。借助虚拟仿真实验创建的直观场景，更易循序渐进地实现对学生情感态度的引导。

(二) 教学目标

学以致用，提升知识内化效率。依托上海市级虚拟仿真实验项目，开展投资分析与交易的针对性训练，实现理论学习与实践应用的无缝对接。

慎思笃行，树立理性投资理念。模拟完整市场周期，创设突发事件冲击，引导学生优化交易策略，培养学生的投资风险意识与决策创新能力。

竭诚担当，厚植浓郁家国情怀。理解新时代中国经济社会发展及其对资本市场的影响，激发情感共鸣，培养学生的社会责任感与家国情怀。

(三) 教学重难点

课程教学的重点在于，基于实验平台构建的市场周期场景，引导学生逐步完成分析、选股、交易、调整等针对性训练，帮助学生实现证券投资理论的实践软着陆，提升学生对新时代中国与世界发展的关注，培养学生经世济民的责任担当。

课程教学的难点在于，基于创设的突发事件冲击，引导学生灵活调用知识储备，分析并应对突发事件，理解并掌握证券投资的风险控制措施，提升决策创新能力，树立正确理性的投资价值观。

（四）课程思政融入教学设计的思路

证券投资决策虚拟仿真实验基于海量数据模拟了完整市场周期与突发事件冲击场景，实验与市场实际联系紧密，思政映射点多、繁、深。基于此，教学采用"双线融入、适时点题"的思政融入思路，把握融入方式与时机，力求在隐而不彰中实现"启智""润心"的有效协同。

"双线融入"是基于线上线下混合式教学模式构建思政融入路径。课前，通过线上课程平台推送市场分析报告、思政案例素材以及问卷量表等，驱动学生自主学习、思考与探究，帮助教师把握学情特征；课中，于线下由教师灵活选用各种教学方法，引导学生关心国情现状、体会市场波动，实现知识内化与情感升华。

"适时点题"是借助互动研讨与复盘评述环节而构建的思政融入路径。教师在组织学生开展研讨与复盘时给予适时反馈与适度升华，加强师生思想观点的碰撞与反思，加速释放专业知识体系中的精神正能量，塑造学生的品行操守、责任担当与职业素养。

（五）教学策略

1. 教学模式

本课程采用线上线下相结合的模式，构建"课前—课中—课后"的完整教学周期。线上平台包括超星学习通与证券投资决策虚拟仿真实验平台。课前，教师可以借助学习通推送拓展案例资料，设置实验模块，学生可以利用线上资源巩固理论知识、了解实验场景与流程；课中，教师基于实验流程组织适时研讨，指导实验操作，引导学生在实验项目中完成知识内化潜移与价值观塑造；课后，学生借助虚拟仿真实验平台复盘反思，参与模拟炒股大赛，增加实践经验。线上线下环环相扣，引导学生更主动地晓理、动情、导行。

2. 教学方法

（1）实验操作。基于自主开发的证券投资决策虚拟仿真平台引导学生开展实验操作，实验操作主要包括两个环节：一是引导学生应用证券分析方法，逐步完成"宏观—行业—公司"的分析过程，确定基本投资策略；二是训练学生的风险管理与危机应对能力，系统自动推送突发事件，要求学生结合实际情况完成交易策略的修正优化。

（2）互动研讨。借鉴证券基金机构的晨会制度，开展主题场景下的交易策略研讨会，引导学生真正"入戏"投资过程，积极思考、自觉输出，加深学生的实践体验，并将家国情怀内化于心，付诸于行，升华于情。实验开展过程中组织三次研讨会：一是主题场景发布后；二是突发事件推送后；三是复盘环节。

（六）教学过程

本节课程的教学实施包括课前准备、课中教学、课后巩固三个环节。

1. 课前准备

教师在课前完成实验模块、突发事件、评分权重等系统初始设置，作好实验教学准备，如图2所示，并通过学习通向学生推送宏观经济年度策略报告、30年中国资本市场发展、中国新兴产业发展报告等资料；学生结合证券投资理论知识阅读材料，理解经济社会发展与资本市场之间的

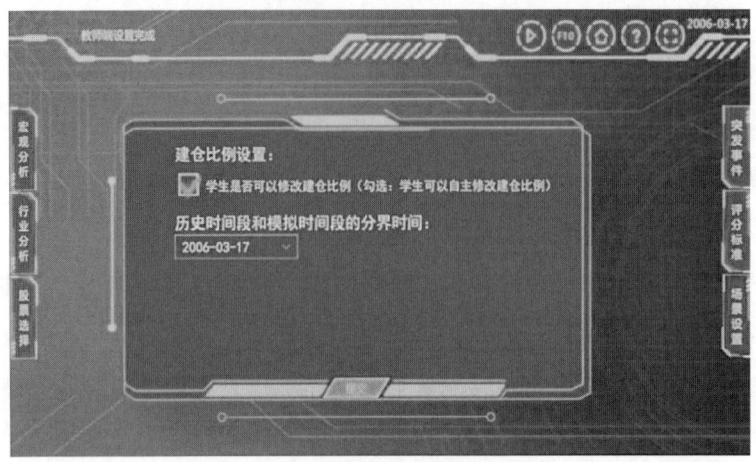

图2 实验虚拟场景设置

关系。课前阶段以任务驱动学生自主学习、思考与探究，温故而知新。

2. 课中教学

课堂教学通过三大环节，层层递进实现能力培养与价值塑造目标。

环节一：证券分析与策略制定。

教师向学生介绍实验安排与实验环节后，带领学生了解虚拟市场所处的宏观经济场景。组织开展第一次主题研讨会：实体经济与资本市场发展，要求学生结合证券分析理论知识点与课前发放的报告材料开展小组讨论。

听取学生发言时，逐步适时提问：宏观经济分析对于证券投资的重要性体现在哪些方面？在新发展格局中，我国产业升级转型的方向是什么？什么样的公司是优秀的投资标的？你认为公司是否应该承担盈利之外的社会责任？为什么？

在交流研讨过程中，梳理总结证券投资分析基本的理论知识点，帮助学生建立起系统的投资分析逻辑，并适时点题，启发学生认识到金融服务于实体经济的根本使命，塑造学生的品行操守与责任担当，树立正确理性的投资价值观。

研讨会结束后，学生在实验系统上逐步完成宏观分析、行业分析与公司分析，确定并执行基本的交易策略。通过逐步实操对学生开展证券分析方法的针对性训练，完善理论实践的对接机制，强化学生的价值选股理念与风险控制意识。

环节二：突发事件与策略优化。

虚拟仿真系统将在学生建仓之后持续推送行情数据。突发事件发生时，行情交易界面会弹出突发事件描述文本，行情推送暂停，学生要针对突发事件展开全面分析，优化前期投资策略，完成选股调仓等操作。教师在第一次突发事件出现暂停行情后，组织课堂研讨，帮助学生厘清策略逻辑，强化创新思维。

以中美贸易摩擦事件为例。行情暂停后，可以组织学生分组搜集整理关于中美贸易摩擦影响资本市场的相关材料，对比新冠疫情考验下中美两国宏观经济与资本市场的差异化表现，开展小组研讨发言。

在学生发言过程中，适时提问引导思考：美国为什么要打击华为等高科技企业？中国贸易摩擦通过哪些路径影响 A 股的表现？

通过师生研讨交流，让学生厘清应对突发事件的常规分析逻辑，找到策略优化的切入点，独立完成系列突发事件冲击下的策略分析、优化与调整，提升学生的投资心理素质与危机应对能力。在这一过程中，也通过中美市场的对比，拓宽视野，增强学生对中国资本市场制度选择的认同感，塑造与国家发展休戚与共的使命感，树立"为中华强大而读书"的决心。

环节三：复盘与交易策略综评。

实验操作完成后，学生根据实验结果汇总复盘自己的投资分析思路、模拟交易情况，并撰写投资心得。之后组织课堂展示研讨，让学生畅谈实验过程中验证过的理论知识、感受到的市场精神、树立起的思想理念，在这一过程中引导学生理解资本市场的底层支撑在于经济基本面，并由此升华思政教育主题：真正的证券投资应该回归经济本源、服务实体，向着净值化、规范化、专业化的方向发展。这一环节中可邀请行业专家进课堂，共同对学生实验结果进行点评，并从行业角度进行知识分享，帮助学生更直观地理解投资职业素养要求，提升人生价值。

3. 课后巩固

课程结束后，通过超星平台布置思考讨论题，如 A 股市场的未来趋势如何？哪类行业最值得关注？为什么？引导学生紧密关注现实市场发展，并鼓励学生积极参与学校组织的模拟炒股大赛、大学生理财大赛等，以赛促学、虚实结合，找到并修正自己在投资中出现的问题，逐步实现"知行合一"，实现课程思政的课内外衔接，不断提升职业素养与竞争力。

（七）评价方法

考虑到学生思想素养成长的渐进性与复杂性，本课程拓展原有课程评价体系，引入多维评价主体与多种评价方法，建立诊断性评价、过程性评价、终结性评价的三维评价体系。其中，开课之初通过线上测评、问卷量表等开展诊断性评价，了解基本学情；课程进行中以过程性评价判断学生的情感态度发展，考勤、课堂表现等常规考核项目折射出的学生言行是重要观测点，在小组任务等环节增加学生互评以拓展评价视角，从而更全面地评判学生真实的行为，并结合课下交流进一步观察学生动态；课程结束以终结性评价评定思政成效。一是根据学习成果，如小组任务报告、虚拟仿真实验投资实验报告及实验结果等判断学生能力素养的提升；二是通过问卷调查了解学生自身学习态度、参与公益活动以及对公共热点事件的看法等。

四、教学效果及反思

（一）课程思政教学成效

经过多年努力，证券投资学课程思政建设已呈现出明显的育人成效。学生在线上任务、线下课堂表现等行为维度表现持续提升。许多同学积极参与了相关学科赛事，取得了优异的成绩。学生对公益活动参与度、社会热点的关注度也在明显提升，如图3所示。实验报告的词云图也能显示出，大多数学生树立了一定的风险意识与价值投资观念，对国家政策、企业责任等具有明显的关注度，如图4所示。除此以外，本团队开发的"突发事件冲击下的证券投资决策虚拟仿真实验"获得2020年上海市市级一流课程立项，团队教师与学生共同撰写课程思政等教改论文10余篇，进一步提升

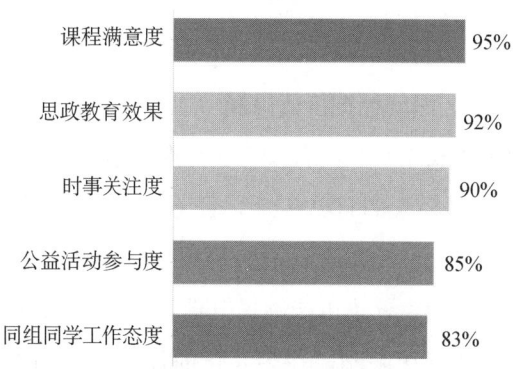

图3 终结评价问卷部分结果

了课程思政教育质量。

图4 实验报告词云图

（二）课程思政教学反思

教师是课程思政建设的主力军。只有教师信道、善道，才能重塑教学理念与形态，创造出新的课程价值。目前专业教师在思政元素的挖掘与运用上还存在欠缺之处，还需要综合使用激励、培训、交流探讨等多种形式，促使专业教师真正做到"愿"思政、"能"育人。

学生是课程思政的接受者。只有学生愿思、乐思，才能领会专业知识的精神内涵，实现课程思政由隐到显的教育教学成效。目前学生在课程参与中的主动性与积极性还不够高，需要通过教学模式创新、评价体系完善等手段促使更多学生真正成为课堂的主体。

五、教学特色与创新

（一）贴近学生，深度挖掘价值内涵

新一代大学生成长于互联网普及与全球化发展的过程之中，海量信息与社交网络充斥于年轻人的日常生活。证券投资学课程中有许多思政素材，比如资本市场价格波动风险、中美贸易摩擦、名人名企奋斗史等，对于很多学生来说并不陌生，也更能够提升课堂讨论的活跃程度。但同时应注意到，学生因年龄阅历限制，在多元化的社会思潮与意识形态冲击下，也容易产生道德疑惑与价值迷茫，教师在组织案例分析与讨论中应更注重

适时反馈、引导与启发，以帮助学生抵御错误价值倾向的侵扰。

（二）灵活融入，避免刻意渲染主题

灵活引入契合课程内容需要的思政元素是提升思政成效的关键。证券投资学课程中许多知识点与市场实践联系紧密，如证券市场与证券工具、基本面分析等，可供选择的思政素材较为丰富，教师可以根据课程需要通过案例分析、任务驱动等将思政材料融入课程。需要注意的是过度说教可能会引起学生的逆反心理，以事实与数据证明资本市场的价值取向更具说服力。对于理论性较强的知识点则更应该倾向于思维逻辑的培养，刻意强调责任情怀可能过犹不及。

参考文献

[1] 高德毅,宗爱东.课程思政:有效发挥课堂育人主渠道作用的必然选择[J].思想理论教育导刊,2017(1):31-34.

[2] 高德毅,宗爱东.从思政课程到课程思政:从战略高度构建高校思想政治教育课程体系[J].中国高等教育,2017(1):43-46.

[3] 戈君宇,姜超.基于卓越绩效模型的应用型高校课程思政建设评价指标体系研究[J].上海教育评估研究,2022,11(3):38-43.

[4] 何玉海,于志新.新时代推进高校"课程思政"建设的四个维度[J].思想理论教育导刊,2021(2):132-136.

[5] 李文洁,王晓芳.混合教学赋能高校课程思政研究[J].中国电化教育,2021(12):131-138.

[6] 王伟,黄颖.讲好金融故事:金融学课程思政改革的有效路径[J].思想理论教育导刊,2021(3):112-116.

[7] 王丽,李雪,刘炎欣,等.高校教师"课程思政"意识与能力现状的调查分析及建议[J].高教探索,2021(9):67-74.

[8] 熊晓轶,姚洋.基于课程思政的应用型财经高校金融学专业考核评价体系的构建研究[J].高教学刊,2021(2):43-46.

[9] 杨晓宏,郑新,梁丽."互联网+"背景下高校课程思政的价值意蕴与实践路径研究[J].电化教育研究,2020,41(12):71-78.

[10] 张春萍.加强新商科课程思政建设的路径探析[J].中国高等教育,2021(10):37-39.

"三全育人"视野下大学生就业形势的理性分析

卢挚飞

"三全育人"是中共中央、国务院《关于加强和改进新形势下高校思想政治工作的意见》提出的坚持全员、全过程、全方位育人（以下简称"三全育人"）的要求。在职业规划与就业指导教学课程中，大学生如何形成理性就业观是一个非常重要的问题。应结合大学生就业形势，抽丝剥茧式进行分析，着力于理想信念、政治信仰、家国情怀的培养，传导"认清形势、调整心态""看清问题、做好规划""厘清问题、苦练内功"的三部曲思维方式和实践方式，让大学生科学认识党和政府为促进高校毕业生就业所做的努力，倡导大学生毕业后到"祖国最需要的地方去"，发挥优秀大学生的示范作用，引导大学生理性地进行就业方向的选择和以务实的态度走上工作岗位。

一、教学目标

以"大学生就业形势"为切入点，引入"三全育人"的概念，以大学本科生为主要教学对象，将职业规划贯穿整个大学生涯的始终，深入讲解国家出台的促进高校毕业生高质量充分就业政策，加强大学生对党和政府的认同。同时强调个人就业择业讲求"务实性"，结合大学生自身特点和优势，引导他们理性面对毕业去向的选择。

二、思政育人目标

（一）设计思路

课程主要面向本科生，紧紧围绕大学生就业形势，重点突出党中央、国务院大力实施就业优先政策,将促进大学生就业摆在突出位置。重点讲解从中央到地方出台一系列政策,在稳住市场主体、发掘岗位资源、提供精准帮扶、加大政策性岗位吸纳力度、维护毕业生合法权益等方面,千方百计为高校毕业生就业创造条件所做出的种种努力和成效。课程旨在加强大学生对党和国家的认同感,强化家国情怀,同时引导大学生直面就业形势,理性务实地进行择业就业。

(二)设计目标

以理想信念、政治信仰、家国情怀为中心,特别突出党和国家面对大学生严峻就业形势所做的决策部署和具体政策,再结合学校"立信"校训所蕴含的诚信品质教育,倡导"诚信"品质在择业就业过程中的重要性以及如何身体力行并"终身实践"。

三、教学实施

教学的章节内容为"大学生就业形势分析",以大学生个体为主体,充分强调个性发展和个性化选择,从大学生"我"出发,分为"我是谁""我面临的形势""我的对手和队友""我的机遇与挑战"四个内容,引导学生形成"认清形势、调整心态""看清问题、做好规划""厘清问题、苦练内功"的三部曲思维方式和实践方式。"我是谁"强调每个大学生个体在就业择业过程中所身处的大环境,如1977年恢复高考以来每年的大学毕业生人数。1978年,全国普通高等学校毕业生人数16.5万人,1999年我国高校扩招,2002年大学生毕业人数开始快速增长,当年达到133.73万人,2004年突破200万人,2005年突破300万人,2007年突破400万人,2009年突破500万人,2011年突破600万人,2014年突破700万人,2022年大学毕业生总人数达1 076万人,首次超过1 000万人。由此,很多学生对就业形势有了一个大体上的直观认识,对培养就业务实性奠定了一个较好的基础。

近年来,党和国家始终把高校毕业生就业摆在突出位置,既表现在宏观层面,也表现在微观层面,如对援藏、援疆、西部志愿者、"三支一扶"

"大学生村官计划"等政策的重点讲解,号召毕业生"到祖国最需要的地方去"。

由于很多大学生缺少社会经验,很多时候对社会形势和就业形势都处于一知半解的状态。鉴于此课程重点分析我国经济走势、国内就业形势,认清经济下行压力和春招巨大变化对就业和择业的重要影响。同时,通过解读岗位竞争指数、招聘大数据等让同学们认清就业形势,引导学生们在就业时理性、务实地分析形势,引导他们"先就业后择业"。

在教学过程中,采用问卷调查方式进一步了解大学生的真实想法。

收集学生填写的问卷后进行统计分析,并在下一次授课时公布调查结果。

另外,要引导学生端正就业心态,改"短期求职"为"中长期求职";并突出强调从众心理、盲目攀比这一就业大忌,引导同学们认真做好职业规划,并将职业规划贯穿整个大学生涯的始终。授课教师应让学生对以下三组相对概念进行区分:春招与秋招、校招与社招、应届与往届。充分利用好不同时段招聘的具体特点,紧跟就业形势变化,结合自身特点,苦练内功。如注重实习锻炼,理论联系实践;参加职业培训,及早进入状态;准备面试实习,练习网申技巧等。这些"内功"不是一朝一夕形成的,需要大学生在整个大学期间不断磨炼,同时付诸实际行动。在授课过程中,针对大学生尤其是财经类专业学生的特点,教师应突出强调"诚信"的重要性,恪守"立信"校训,彰显学校"诚信为本、学验并重"的办学特色。

四、教学效果

(一)课程开展的意义和价值

本课程的教学注重锤炼学生品德,培养学生正确思维方式和实践方式,帮助学生认清就业形势,引导学生自发进行就业规划,强化就业意识、明确就业发展方向,树立正确的就业观。同时充分发挥优秀同学的示范作用。引导学生坚定理想信念,厚植爱国情怀和投身社会主义现代化建设的使命与担当。

（二）主要成效和特色

通过大数据分析，一方面可以了解高校毕业生实际情况和用人单位实际需求，实现学校"育人""就业"之间的联动，为学生提供更加精准的职业生涯规划和就业指导服务；另一方面，对影响毕业生所学专业、学历层次、校友朋辈等内在因素，以及就业市场竞争度、用人单位吸引力、岗位区域分布等外在因素进行分析，并结合实际开展"一对一"分析研讨，从而有效帮助学生提高就业能力并尽早就业。

五、启发思考

（一）案例反思

本课程注重理论联系实际，着力推动大学生形成良好的就业观和择业观，更好地促进大学生高质量就业。在教学过程中，教师可采用"接地气"的方式提高课堂的抬头率，结合不同年级不同专业的大学生特点，有针对性地进行授课。同时强化课堂的互动，注重对重点关键问题的拆分式讲解，加强与学生课外交流，密切关注学生思想动态。同时，教师在授课的过程中，需要做到以下几点。

1. 借助职业测评实施精准指导

很多大学生对自己的职业选择比较迷茫，但是又不知道如何破解，根源往往在于其大学专业不是自主选择的，对自己未来适合什么样的职业并未有一个清晰的认识，更遑论如何确立目标。借助职业测评教师可以全面地了解学生个体情况，从而实施更精准的职业规划和就业指导。

2. 注重大学生心理健康教育和职业规划教育的融合

有些学生存在人际关系、学业等方面的适应性和发展性问题，需要及时加以有效的干预和系统化的指导，将心理健康教育与职业规划教育有机融合。

3. 针对不同专业学生因材施教、因势利导

在授课的过程中，老师可能会面临授课对象的变化，如何针对不同授课对象因势利导是一个重要的课题。如针对金融专业和计算机信息技术专业的学生，需要在毕业去向、流向上进行分析，根据分析结果对不同专业背景的学生在就业方向上予以个性化指导。

(二) 启发思考题

(1) 请阐述党和国家在大学生就业过程中的宏观和微观政策。

(2) 如何将上海立信会计金融学院校训"立信"的丰富内涵融入择业就业过程？

(3) 如何在就业择业的过程中将社会价值和个人价值有机结合？

(4) "三全育人"如何在大学生职业生涯规划和正确就业观的建立中发挥作用？

参考文献

[1] 尹兆华.职业生涯规划与就业指导课程建设探索和实践[J].中国大学教学,2019,8(Z1)：90-94.

[2] 王佳.新形势下大学生就业问题研究[J].就业创业,2022,4(7)：140-142.

[3] 秦皓,宋扬.探索就业育人新模式 提升大学生就业能力[J].产业创新研究,2022,3(5)：152-154.

[4] 李国龙.新媒体时代大学生精准就业问题探究[J].中国大学生创业,2021,9(17)：47-51.

[5] 侯鹏.以职业发展为中心的高校就业课程体系要素探究[J].黑龙江高教研究,2017,11(11)：175-177.

智能投研实验教学中的思政案例研究

韩　云　李昕宸

金融投资实务是金融学相关专业的实践类必修课程。该课程充分利用多媒体实验软件、国内外权威金融分析软件；结合国内外最新经济金融事件、金融机构最新研究报告、产学研基地等资源，针对学生的知识结构、理论水平和应用能力要求，从诚信品质、职业道德、责任意识、敬业精神、社会责任等方面，将金融投资实践与思想政治教育相结合激发学生学习兴趣，提升学生实践能力。本案例围绕财务分析实验项目，利用同花顺i问财智能选股平台，选取智能投研案例进行思政元素的挖掘与教学。围绕"以学生为中心"的教学理念，在大数据金融发展、智能投研优劣讨论、智能选股模型开发大赛过程中融入思政教学，主要包括青年爱国、奋斗等理想信念，价值投资、工匠精神等育人主题。本案例采用线上线下混合式教学方法，利用固定小组辩论赛等翻转课堂形式展开教学，在推进实践创新学习中提升学生专业素养，塑造理想信念，培养社会主义合格建设者和可靠接班人。

一、教学目标

金融投资实务课程内容主要是依托相关证券投资软件，通过金融投资分析方法与技巧的学习、实验项目的执行、虚拟交易的练习，帮助学生掌握金融投资理论与实践技巧，培养较高的职业素养，树立和践行社会主义核心价值观。本案例教学运用分析方法，引导学生熟练使用同花顺i问财智能选股平台，了解智能投研最新发展趋势，学会进行选股模型实验，并将青年理想信念、价值取向和工匠精神等融入智能投研案例教学中。

二、思政育人目标

（一）设计思路

财务报表解读是金融投资实验项目中的重要内容，如何利用智能投研的大数据平台实现智能选股是财务分析重要实验部分。智能投研基于大数据金融背景，具有创新性强、专业功底要求高的特点，适合在教学中挖掘创新价值取向，融入工匠精神等思政元素。

（二）设计目标

学生通过智能投研选股实验操作，树立金融职业的价值投资取向，在工匠精神的指引下精研专业本领，塑造立志成为为民族复兴贡献力量的社会主义合格建设者和可靠接班人。

（三）育人主题

本案例育人主题主要包括爱国、敬业的社会主义核心价值观，以及职业素养中的价值取向、工匠精神、创新精神等。

三、教学实施

（一）教学理念

本课程秉承"以学生为中心"和"以学为中心"的教学理念，利用同花顺i问财平台和翻转课堂开展线上线下混合式智能实验教学，通过产教融合提高学生的实践创新能力，培育学生社会主义核心价值观、工匠精神和创新精神。

（二）课程思政融入的教学内容

1. 大数据金融的发展与创新

近年来，资产管理行业发展迅速，在满足居民和企业投融资需求、改善社会融资结构等方面发挥了积极作用，但也存在部分业务发展不规范、多层嵌套、刚性兑付、规避金融监管和宏观调控等问题。2018年，我国《关于规范金融机构资产管理业务的指导意见》（银发〔2018〕106号）出台，资产管理行业被纳入统一监管，标志着"大资管"时代正式拉开序幕。随着中国金融市场开放度提升，国外资产管理公司将会加速进入，中国的资产管理公司的管理模式将会和国外的资产管理公司逐步趋同。随着人类社会的不断发展，大数据带来的变革不言而喻。从思维变革到管理变革再到商业变革，大数据带来从量到质的飞跃。大数据为资产管理行业提供了大量的数据、处理技术等，为智能投研的产生奠定基础。

传统投研流程通过数据终端做数据知识提取、分析研究相关数据和信息、利用 Excel 等工具和逻辑推演完成分析研究，最后以 PPT、Word 等形式分享到研究报告。人工智能可以根据传统的投研的弱点，通过智能搜索和智能资讯提高信息收集和处理的效率。与传统投研中用到的数据不同，智能投研可以使用非传统的数据维度进行分析，例如，利用大数据分析白酒消费数据和研究价格趋势。智能投研的终极目标是实现从手工搜索投资信息再到数字化智能平台操作，提高信息透明度，节省研究成本。这也是我国在科技革命中不断深化各个行业数字化转型的重要微观构成部分。要实现智能投研的跨越式发展，需要具有极强的创新精神，投身金融底层逻辑和技术的创新开发，为我国的科技创新发展和民族振兴贡献力量。教师通过国情教育，可激发学生的爱国主义情怀和奋斗精神。

2. 同花顺 i 问财平台的使用与价值取向

同花顺 i 问财平台基于金融底层逻辑算法，为投资人提供了智能投研平台。通过此平台，使用者可以构建金融投资逻辑模型。同花顺 i 问财的底层逻辑不仅是大数据技术的智能化实现，更是财务分析的价值投资取向。我们可以利用这个平台实现价值投资的智能选取，并学习大数据金融平台的使用和创新。

3. 智能选股模型的实验与工匠精神

学生根据智能选股的参考算法与模型，采用净资产收益率、分红等财务分析指标、交易数据等技术分析指标模拟智能投研选股，并尝试构建自己的智能投研选股策略。数字化、智能化虽然改变了很多经营模式和竞争模式，但是智能投研的底层逻辑还是金融投资逻辑。真正起作用的不是平台到底数据处理有多复杂,而是金融投资逻辑是否真正具有价值。这要求学生孜孜不倦追求专业水平的提高,发挥工匠精神钻研金融算法,真正实现大数据与金融投资的有机融合。

工匠精神代表了新时代背景下,我们国家对于各行各业优秀人才的认可,体现了我们弘扬职业精神的坚定信心。工匠精神的基本内涵包括敬业、精益、专注、创新等方面的内容。工匠精神是社会文明进步的重要尺度,是中国制造前行的精神源泉,是企业竞争发展的品牌资本,是员工个人成长的道德指引。工匠精神就是追求卓越的创造精神、精益求精的品质精神以及用户至上的服务精神。

社会主义核心价值观包括敬业,敬业是中国人的传统美德,"敬业乐群""忠于职守"体现了工匠精神的可贵传承。春秋时期,孔子提出"执事敬""事思敬""修己以敬"。"执事敬",是指行事要严肃认真不怠慢;"事思敬",是指临事要专心致志不懈怠;"修己以敬",是指加强自身修养保持恭敬谦逊的态度。专注就是内心笃定而着眼于细节的耐心、执着、坚持的精神,选定奋斗的行业领域,不断地进行学习、总结,最终在各自领域成为"领头羊"。我们作为金融专业的学生,要想在大数据时代下利用机器战胜智能,工匠精神是重要的竞争力。

(三) 课程思政融入的教学方法

本次课程思政融入的教学方法主要围绕线上线下混合式教学,利用固定小组展开教学。

1. 理论讲解

对财务指标分析、大数据金融和智能投研的发展进行讲解和分析。理论讲解包括两个部分,第一是在线视频资源学习,第二是线下教学。在线学习主要是财务报表解读,包括盈利能力、成长能力、营运能力和偿债能力等。线下教学选取了最新的智能投研相关报告进行行业现状和策略选择的讲解,引导学生投身金融底层逻辑和技术的创新开发,增强学生勇于探索的创新精神、善于解决问题的实践能力,为我国的科技创新发展和民族振兴贡献力量。

2. 翻转课堂的小组学习

各组分为正反两方阵营，进行"智能投研好与坏"的辩论赛，引导学生思考数字智能化与金融投资知识的关系。本部分以"智能投研是否会大量替代研究员的工作和基金的投资"为出发点，引导学生思考在大数据技术快速发展背景下，如何分析行业发展、职业定位，引导学生强化专业知识结构。"艺痴者技必良"，教师可引入《庄子》中"庖丁解牛"、《核舟记》中奇巧人王叔远，袁隆平的乘凉梦等典故，以及其他新中国勋章的获得者的案例，给学生树立职业标杆，促使其在实习和后续的工作中寻求突破和创新。工匠是各行各业的中坚力量，是全球社会进步、经济发展和科技创新的重要人力资源。"汉字激光照排系统之父"王选、"中国第一、全球第二的充电电池制造商"王传福、从事高铁研制生产的铁路工人和从事智能电网研究运行的电力工人等都是工匠精神的优秀传承者。

3. 智能选股 PK 赛

通过智能选股 PK 赛，学生可以在实验和互动中完成课程学习。本部分首先通过同花顺 i 问财展开 ROE、季报年报选股策略展示和策略回测，让学生了解优秀的金融逻辑和策略选择对于智能投研的重要性，同时融入创新精神和工匠精神。通过分组任务完成每个小组策略选股，在平台进行提交，并在全班面前进行展示和评分，此部分主要通过各小组策略选择的方法不同、结果差异和展示效果进行评析，让学生体验过程式的工匠精神和创新精神。

（四）课程思政融入的教学创新

本次课程思政融入的教学创新点主要包括：① 将大数据金融的发展趋势与智能投研融入财务分析实验，挖掘了爱国、创新等价值观元素，使得学生拓展了传统财务报表解读的理解范围。② 将智能投研平台的学习使用和价值投资、敬业精神相联系，引导学生在智能选股模型的构建中思考价值取向的重要性。③ 开展数字智能化与金融专业学生匠人精神的思辨，让学生认识到不管时代技术如何发展，专业匠心才是根基。

四、教学效果

（一）案例开展的意义和价值

本案例可以通过智能投研的财务分析实验让学生了解最新的大数据金融趋势和智能选股策略，于潜移默化中塑造敬业、精益、专注、创新的工匠精神，拓展了学生对于新时代下金融投资视野和思考视角，符合新文科交叉性的学科发展方向，为金融学相关人才培养奠定了坚实的基础。

（二）主要成效和特色

该课程在实践过程中，学生们兴趣高涨，积极参与智能选股与思辨，并对于未来职业生涯中研究分析师等职责与努力方向做了重要的讨论与思考，也得到了教研室其他教师的高度认可。在课程后的调研中，有87.5%的学生认为金融基础和策略选择比智能技术更加重要，认识到专业知识和创新对于智能选股策略的重要性，如图1所示。

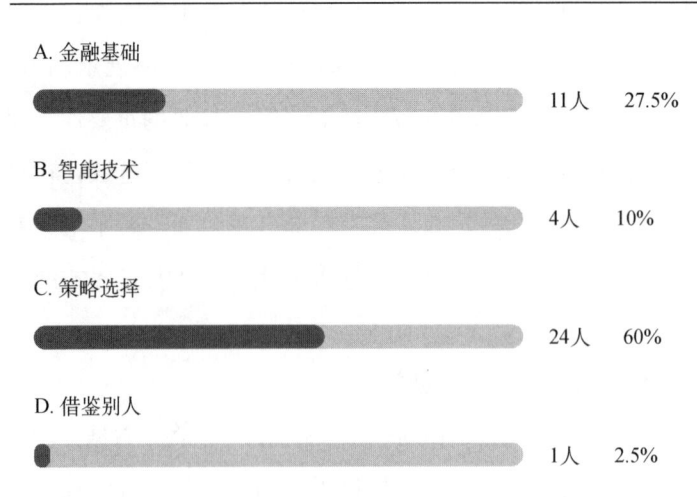

图1　智能选股因素调研

在课后的调查问卷"你认为金融从业者该如何发挥工匠精神？"中，学生们回答了自己的理解，主要包括长期的基础知识学习，不断提升自己的专业技能和职业操守，培养自己精益求精、勇于创新的工作态度，形成诚实守信、精益求精、创新卓越的金融匠人职业精神；坚守初心，服务客户，坚守职业操守，争做行业标杆；不是故步自封，不断创新；对待金融工作始终保持执着与热忱，保持无可替代的热爱和全身心的投入。这也为本次实验课程的课程思政教学进行了总结和升华，说明学生通过智能投研的学习对于创新、工匠精神等进行了独立且深入的思考。

五、启发思考

（一）案例反思

1. 润物细无声的思政要素融入设计

该案例具备比较前沿的时代特色，比较容易引起学生兴趣，但是思政教育嵌入的难度较大。特别是大数据金融等的发展趋势中，如何过渡到科技革命，如何激发学生的爱国主义情怀、树立青年奋斗价值观等是重要的优化方向。另外，如何兼顾专业性的学习，让学生自然而然地接受思政教育，还可在智能投研具体案例的进一步挖掘中优化。

2. "智能投研好与坏"辩论赛等活动的参与积极性问题

虽然智能投研思政案例精心设计了比较多样化的互动方式，包括智能投研好与坏辩论赛、智能选股 PK 赛等，但是由于本课程的授课对象主要是高年级学生，课堂积极性相比低年级学生来说有所降低。这使得如何设置课堂互动激励机制、引导学生进行沉浸式学习成为后期优化的重要方向。

3. 思政元素的融入尚需深入

本次案例的思政元素的挖掘虽初步完成，但如何使思政教育更加多维和立体化，让学生在教学中更深入地学习，也是本案例未来重要的探索方向。

（二）启发思考题

（1）大数据金融发展现状下，金融投资人承担什么角色？

（2）用人工智能代替人脑、用智能投研代替传统投资分析是否可行？

（3）到底是智能投研的数据处理厉害，还是巴菲特厉害？

参考文献

[1] 陈强.智能金融发展的实践框架与建设机制思考:基于业务应用视角[J].金融理论与实践,2022(1):39-48.

[2] 陈文虎,邢单,李连山.金融科技在智能投研领域的应用探析[J].金融市场研究,2021(12):93-100.

[3] 管河山.投资学课程思政中社会主义核心价值观培养[J].科学咨询(教育科研),2022(10):73-75.

[4] 刘燕.劳模精神、劳动精神、工匠精神融入高职院校思政课教学的思考[J].思想理论教育导刊,2021(11):109-112.

[5] 王博.如何培养大学生的工匠精神[J].人民论坛,2018(24):118-119.

基于课程思政的收益率曲线
计算实验教学设计

陈修兰

固定收益证券是一门面向金融学院学生开设的专业课，MATLAB固定收益证券计算是与之相匹配的一门实验实训课程，目的是针对现代金融三大类工具之一的固定收益证券进行相关计算的实际操作教学，以使学生能够更深入地了解各种固定收益证券的设计原理。

本课程的任务在于通过严格的固定收益证券计算实验教学，培养学生熟练使用EXCEL和MATLAB软件进行现金流的现值与终值、周期与非周期现金流的内部收益率、零息债券及付息债券定价及收益率、债券久期和凸性、债券收益率曲线等方面计算。课程的主要任务是教会学生将固定收益证券的相关理论知识和实际应用相结合，培养学生的创新意识和实操能力。

本课程将MATLAB软件融入固定收益证券课程教学中，通过重新规划知识模块、设计每一知识模块的典型案例，教授学生学习MATLAB函数并自主编制计算程序来完成案例实验，让学生加深对固定收益证券的价格、收益等方面的理解，体验发掘知识的整个过程。这种有趣、自主的方式更有利于激发学生的学习兴趣，形成学生自主学习、探究学习的态度，为学生毕业后从事固定收益证券方面的分析工作提供基础工具及技能储备。

本课程的思政教育目标是：梳理固定收益证券专业知识教学中蕴含的诚实守信、实事求是、追求创新以及MATLAB软件应用中蕴含的尊重数据、科学求真、国际视野、遵纪守法、遵守职业道德等思政内核，将其融入每一节课的课堂讲授中，并筛选课程案例与学生进行思政方面的讨论学习，向社会输出合格的金融专业人才。

一、教学目标

(一) 教学目标

随着国家提出的"金融服务实体经济"理念的推行,金融行业随之发生变化,这对高校培养应用型金融学专业人才的教学目标提出了新的要求,传统偏重宏观和定性的教学方式已经无法满足现阶段微观化、工程化的金融行业实际对于金融专业人才的需求。顺应社会发展需求的变化,高校应调整偏重理论知识的教学方式,加强金融学专业的实践教学,设计科学合理的整体教学方案,为社会培养能够深刻理解金融理论知识、拥有创新运用能力、具备职业道德的专业人才。

MATLAB与固定收益证券计算这门实验课程的教学目标是培养学生对金融计算工具的应用能力,并将职业道德、专业素养等思政目标贯穿于整个教学流程中。本教学案例是学习国债收益率曲线的构建,这是许多金融产品定价的基准,而MATLAB是实现这一学习内容的必备工具。本课程的教学目标有两个:一是引导学生掌握工具以实现知识的深入理解,二是在其中渗透对金融专业人才的"诚信品质、实践能力、创新意识、国际视野"思政教育目标。在课程学习中,设计优化教学流程,结合社会上对金融专业人才的岗位技能及品德需求,将法律法规和职业道德规范融入教学,让学生共同参与讨论辨析,将职业技能与职业道德融为一体,实现显性教育和隐性教育相统一。

(二) 思政育人目标

2020年6月教育部印发的《高等学校课程思政建设指导纲要》中对全面推进课程思政建设提出了确切要求:"要寓价值观引导于知识传授和能力培养之中,帮助学生塑造正确的世界观、人生观、价值观。"[①] 上海立信会计金融学院在人才培养中坚持将"立德树人"作为根本任务,立足于培养具有"诚信品质、实践能力、创新意识、国际视野"的高素质应用型人

---

① 教育部. 高等学校课程思政建设指导纲要[EB/OL]. [2020-05-28]. http://www.gov.cn/zhengce/zhengceku/2020-06/06/content_5517606.htm.

才，而金融专业的人才培养要求是培养具备"诚信品质、实践能力、创新意识、国际视野"的高素质金融行业专业人才，这些品质也是本专业教学中必备的思想政治教育元素。本课程作为一门实验课程，同样在整个课程体系中承载着培养具备相应品质人才的初心和使命。

对学生进行"诚信品质"教育。引导学生在学习不同的债券知识时，辅之以中国财政部、中国债券信息网等网站学习地方政府债券发行管理办法、地方政府专项债券发行管理暂行办法、企业债券管理条例、短期融资券管理办法等，在教学中学习各种法律法规，引导学生在未来的从业过程中遵循职业道德，不弄虚作假，尊重数据、尊重科学、尊重职业。

对学生进行"实践能力"教育。教师在授课过程中既培养学生的"德"，也培养学生的"才"。MATLAB 与固定收益证券计算这门课程设置的目的就是希望金融专业的同学在掌握固定收益证券基础知识之外，学会使用 EXCEL 和 MATLAB 等软件工具来进行固定收益证券的估值、定价及计算，以便更深刻地掌握固定收益证券知识，为学生毕业后从事相关工作提供基础知识储备。

对学生进行"创新意识"教育。当前金融环境中，金融产品不断涌现，在新的金融产品产生时，如何更好地计算固定收益证券类产品的风险收益至关重要，也越来越受到社会各界的重视。在本课程的学习过程中，课程将建立讨论议题，集思广益，努力寻求优化风险收益测度的方法，激发学生的创新意识。

对学生进行"国际视野"教育。带领学生深入学习固定收益证券学习中的国际理论和技术成果，了解国外构建国债收益率曲线的具体实践，在此基础上，深入理解党的十八届三中全会首次提出的"健全反映市场供求关系的国债收益率曲线"命题的内涵。

二、教学实施

基于课程思政的教学设计案例——收益率曲线计算实验流程（90 分钟）。

（一）收益率曲线概念及构建方法理论讲解（20 分钟）

课程思政设计意图：基于现实来厘清概念及理论，拓宽专业知识学习的国际视野,激发学生探究专业的兴趣。

(1) 以现实问题引入课程:为什么要学习收益率曲线的构建?

路径1:引导学生了解收益率曲线实验的学习是基于金融领域实际的需求。

党的十八届三中全会首次提出:加快推进利率市场化,健全反映市场供求关系的国债收益率曲线。党的十八届五中全会提出:推进汇率和利率市场化,提高金融机构管理水平和服务质量。发挥国债收益率曲线在中央银行利率传导中的重要作用,让政策利率的变化通过国债收益率的变化传导到实体经济的融资成本,成为金融领域深化改革的一项历史性任务。

路径2:引导学生了解收益率曲线实验中相关概念在现实中的应用。

根据收益率的性质,收益率曲线分为到期收益率曲线、即期收益率曲线、远期收益率曲线。通过理论讲解,引导学生了解这些收益率曲线在现实中存在于何处及其实际作用,将课堂中要学习的收益率曲线的计算实验过程与实际的债券收益率曲线应用结合起来,将实验课学习内容与目前我国在该知识模块相关的中国债券信息网、和讯债券网、Wind、上海银行间同业利率网站等网站上的利率结构曲线相对应,加深学生对国债收益率曲线、金融债券收益率曲线、公司债券收益率曲线、中央银行票据收益率曲线的认识。

路径3:引导学生了解收益率曲线应用学习的远大目标。

从20世纪末期开始,中债登记、Wind等机构在编制我国国债收益率曲线方面开展了积极有益的探索,但还有较大的健全和完善空间。学生在学习本课程内容后,可以针对我国的具体情况进一步探究。

(2) 以理论溯源来拓宽国际视野:国外如何构建收益率曲线?

在金融实践中,一般以即期收益率作为收益率曲线的构建种类,并采用贴现函数的静态拟合方法和插值法两大类数量模型方法进行编制。本课程带领学生分别学习国际上在理论研究和实践应用方面是如何进行收益率曲线探索。

带领学生深入学习Moordad Choudhry(2005)的静态拟合方法及静

态模型的主旨思想，以及利用曲线拟合技术来静态拟合隐含的即期收益率曲线；带领学生深入学习 James and Webber（2000）在收益率曲线静态拟合方法中使用的参数法和样条法；带领学生了解国外构建国债收益率曲线的具体实践。

（二）基于 MATLAB 来讲解收益率曲线实验（40 分钟）

课程思政设计意图：课程基于现实需求来学习软件知识，潜移默化地激发学生对专业的学习兴趣以及树立追本溯源的学习态度。

路径：课程以实际案例来学习 MATLAB 软件如何多路径计算债券收益率并画出曲线？

案例：2003 年 8 月 15 日的国债交易市场有 1—20 年的 20 种国债均为面值为 100 元的平价附息债券，各期债券的票面利率如表 1 所示。试计算各个期限的即期利率和远期利率，并绘制相应的即期利率曲线与远期利率曲线。

表 1　不同期限的附息债券及其票面利率

到期时间	期限（年）	票面价值（元）	票面利率
2004-8-15	1	100	0.050 0
2005-8-15	2	100	0.051 0
2006-8-15	3	100	0.052 0
2007-8-15	4	100	0.053 5
2008-8-15	5	100	0.054 5
2009-8-15	6	100	0.055 5
2010-8-15	7	100	0.056 7
2011-8-15	8	100	0.057 7
2012-8-15	9	100	0.057 8
2013-8-15	10	100	0.059 0
2014-8-15	11	100	0.060 0
2015-8-15	12	100	0.061 1
2016-8-15	13	100	0.062 2
2017-8-15	14	100	0.063 3

(续表)

到期时间	期限（年）	票面价值（元）	票面利率
2018-8-15	15	100	0.064 4
2019-8-15	16	100	0.065 5
2020-8-15	17	100	0.066 6
2021-8-15	18	100	0.067 7
2022-8-15	19	100	0.068 8
2023-8-15	20	100	0.069 9

计算各个期限的即期利率和远期利率有不同的方法，既可以根据公式进行手工计算，又可以使用EXCEL在其中构造计算公式，更加简便且快速地计算出不同期限的即期利率和远期利率。具体方法如下：

方法1：公式计算法

（1）手工计算即期利率。

1年期债券的即期利率设为S_1，对于1年期债券，根据题目，每年付息5.00元，则：

$$105.0/(1+S_1)=100$$

解得：$S_1=5\%$

2年期债券的即期利率设为S_2，对于2年期债券，根据题目，每年付息5.10元，则：

$$5.10/(1+S_1)+105.1/(1+S_2)^2$$
$$=5.10/(1+5\%)+105.1/(1+S_2)^2$$
$$=100$$

解得：$S_2=5.102\,6\%$

3年期债券的即期利率设为S_3，对于3年期债券，根据题目，每年付息5.20元，则：

$$5.20/(1+S_1)+105.20/(1+S_2)^2+105.20/(1+S_3)^3$$
$$=5.20/(1+5\%)+5.20/(1+5.102\,6\%)^2+105.20/(1+S_3)^3=100$$

解得：$S_3=5.207\,0\%$

继续逐一计算,即可算出各个期限的即期利率和远期利率,不再赘述。

(2) 手工计算远期利率。

远期利率是从未来某个时间开始的远期债务合约要求的利率,本题目中可以计算从第 1 年年末起,以后任意一年的远期利率,分别使用 1 年期债券不存在远期利率,对于 1 年期债券,此时远期利率可以被认为与即期利率是一致的:

$f_{1,1} = S_1 = 5\%$

2 年期债券远期利率的远期利率设为 $f_{1,2}$,其含义是指从第 1 年年末开始的,到第 2 年年末结束的债券合约的利率,对于 $f_{1,2}$,根据远期利率的含义,其计算过程为:

$(1 + S_2)^2 = (1 + S_1)(1 + f_{1,2}) = (1 + 5\%)(1 + f_{1,2})$

解得:$f_{1,2} = 5.2053\%$

3 年期债券远期利率设为 $f_{2,3}$,其含义是指从第 2 年年末开始的,到第 3 年年末结束的债券合约的利率,对于 2 年期债券,根据远期利率的含义,其计算过程为:

$(1 + S_3)^2 = (1 + S_1)(1 + f_{1,2})(1 + f_{2,3}) = (1 + 5\%)(1 + 5.2053\%)(1 + f_{2,3})$

解得:$f_{2,3} = 5.4161\%$

继续逐一计算,即可算出各个期限的即期利率和远期利率,不再赘述。

(3) EXCEL 计算即期利率和远期利率

使用 EXCEL 来计算也是使用同样的公式,不过计算时因为保留位数不同,与手工计算结果有所不同。

例如:20 年期的债券的即期利率计算公式为:

= POWER((B21 * 100 + 100)/(100 − B21 * 100/(1 + C2) − B21 * 100/((1 + C3)^2) − B21 * 100/((1 + C4)^3) − B21 * 100/((1 + C5)^4) − B21 * 100/((1 + C6)^5) − B21 * 100/((1 + C7)^6) − B21 * 100/((1 + C8)^7) −

B21 * 100/((1 + C9)^8) − B21 * 100/((1 + C10)^9) − B21 * 100/((1 + C11)^10) − B21 * 100/((1 + C12)^11) − B21 * 100/((1 + C13)^12) − B21 * 100/((1 + C14)^13) − B21 * 100/((1 + C15)^14) − B21 * 100/((1 + C16)^15) − B21 * 100/((1 + C17)^16) − B21 * 100/((1 + C18)^17) − B21 * 100/((1 + C19)^18) − B21 * 100/((1 + C20)^19)),1/20) − 1

20年期的债券在第20年的远期利率 $f_{19,20}$ 的计算公式为:

= ((1 + C21)^20/((1 + D2) * (1 + D3) * (1 + D4) * (1 + D5) * (1 + D6) * (1 + D7) * (1 + D8) * (1 + D9) * (1 + D10) * (1 + D11) * (1 + D12) * (1 + D13) * (1 + D14) * (1 + D15) * (1 + D16) * (1 + D17) * (1 + D18) * (1 + D19) * (1 + D20)) − 1)

其他各个期限的即期利率和远期利率的 EXCEL 计算过程，不再赘述。

计算结果如图 1 和表 2 所示。

图 1 不同期限附息债券的即期利率和远期利率的 EXCEL 计算过程

表 2 不同期限附息债券的即期利率和远期利率的 EXCEL 计算结果

期限（年）	票面利率	即期利率	远期利率
1	0.050 0	0.050 000	0.050 000
2	0.051 0	0.051 026	0.052 052
3	0.052 0	0.052 070	0.054 163
4	0.053 5	0.053 680	0.058 522

（续表）

期限（年）	票面利率	即期利率	远期利率
5	0.054 5	0.054 763	0.059 105
6	0.055 5	0.055 874	0.061 450
7	0.056 7	0.057 256	0.065 587
8	0.057 7	0.058 428	0.066 666
9	0.057 8	0.058 475	0.058 855
10	0.059 0	0.060 007	0.073 887
11	0.060 0	0.061 307	0.074 404
12	0.061 1	0.062 803	0.079 389
13	0.062 2	0.064 358	0.083 202
14	0.063 3	0.065 983	0.087 333
15	0.064 4	0.067 687	0.091 841
16	0.065 5	0.069 484	0.096 804
17	0.066 6	0.071 388	0.102 319
18	0.067 7	0.073 418	0.108 514
19	0.068 8	0.075 596	0.115 558
20	0.069 9	0.077 950	0.123 677

方法 2：MATLAB 计算法

使用 MATLAB 进行即期利率和远期利率的计算，需要按照不同的步骤完成，具体如下：

（1）根据债券的价格和票面利率计算到期收益率。

将债券的价格数据换算成到期收益率，此时使用的 MATLAB 函数是 yield = bndyield（price，couponrate，settle，maturity），这个函数是根据给定不同期限债券的价格、票面利率、结算日、到期日四个参数来计算出不同期限债券的到期收益率。

MATLAB 输入命令：

price = [100,100,100,100,100,100,100,100,100,100,100,100,100, 100,100,100,100,100,100,100];

couponrate = [0.0500, 0.0510, 0.0520, 0.0535, 0.0545, 0.0555, 0.0567,0.0577,0.0578,0.0590,0.0600,0.0611,0.0622,0.0633,0.0644, 0.0655,0.0666,0.0677,0.0688,0.0699];

settle ='8 − 15 − 2003';

maturity = ['8 − 15 − 2004';'8 − 15 − 2005';'8 − 15 − 2006';'8 − 15 − 2007';'8 − 15 − 2008';'8 − 15 − 2009';'8 − 15 − 2010';'8 − 15 − 2011';'8 − 15 − 2012';'8 − 15 − 2013';'8 − 15 − 2014';'8 − 15 − 2015';'8 − 15 − 2016';'8 − 15 − 2017';'8 − 15 − 2018';'8 − 15 − 2019';'8 − 15 − 2020';'8 − 15 − 2021';'8 − 15 − 2022';'8 − 15 − 2023'];

yield = bndyield(price, couponrate, settle, maturity)

Bonds = [datenum('8 − 15 − 2004'),0.0500, 100;

datenum('8 − 15 − 2005'),0.0510, 100;

datenum('8 − 15 − 2006'),0.0520, 100;

datenum('8 − 15 − 2007'), 0.0535, 100;

datenum('8 − 15 − 2008'),0.0545, 100;

datenum('8 − 15 − 2009'),0.0555, 100;

datenum('8 − 15 − 2010'), 0.0567,100;

datenum('8 − 15 − 2011'),0.0577,100;

datenum('8 − 15 − 2012'),0.0578,100;

datenum('8 − 15 − 2013'),0.0590,100;

datenum('8 − 15 − 2014'),0.0600, 100;

datenum('8 − 15 − 2015'),0.0611, 100;

datenum('8 − 15 − 2016'),0.0622, 100;

datenum('8 − 15 − 2017'),0.0633, 100;

datenum('8 − 15 − 2018'),0.0644, 100;

datenum('8 − 15 − 2019'),0.0655, 100;

datenum('8 - 15 - 2020'),0.0666,100；

datenum('8 - 15 - 2021'),0.0677,100；

datenum('8 - 15 - 2022'),0.0688,100；

datenum('8 - 15 - 2023'),0.0699,100］；

Yields = yield；

settle ='8 - 15 - 2003'；

OutputCompounding = 2；

［ZeroRates，CurveDates］= zbtyield(Bonds，Yields，settle，Output-Compounding)

t = 0.5:0.5:10；

plot(t,ZeroRates)

（三）基于 MATLAB 来布置实操任务（20 分钟）

课程思政设计意图：潜移默化引导学生深刻了解"实践出真知"，呼应课程引入时基于我国现实需求来制定学习的目标，并达到及时有效的课程学习成果考核能够提升学生的参与度的目的。

路径：带领学生从中国债券信息网上下载 2021 年 12 月 31 日中债商业银行普通债收益率曲线（AAA）标准期限信息（表3），随机抽取学生组成学习小组，分组完成使用 EXCEL 和 MATLAB 软件多路径计算债券收益率计算并画出曲线，并与中央结算公司计算出的中债收益率相比较，判断计算结果的对错，有效巩固本节课所学内容。

表3 2021.12.31 中债商业银行普通债收益率曲线（AAA）标准期限信息

日期	标准期限说明	标准期限（年）	收益率
2021-12-31	0天	0.00	1.9725%
2021-12-31	7天	0.02	1.8922%
2021-12-31	14天	0.04	1.9934%
2021-12-31	21天	0.06	1.9985%
2021-12-31	1月	0.08	2.4733%
2021-12-31	1.5月	0.13	2.3529%

(续表)

日期	标准期限说明	标准期限（年）	收益率
2021-12-31	2月	0.17	2.353 2%
2021-12-31	2.5月	0.21	2.347 7%
2021-12-31	3月	0.25	2.373 9%
2021-12-31	6月	0.50	2.454 3%
2021-12-31	9月	0.75	2.586 4%
2021-12-31	1年	1.00	2.669 0%
2021-12-31	2年	2.00	2.754 6%
2021-12-31	3年	3.00	2.795 1%
2021-12-31	4年	4.00	2.968 2%
2021-12-31	5年	5.00	3.107 8%
2021-12-31	6年	6.00	3.246 0%
2021-12-31	7年	7.00	3.389 4%
2021-12-31	8年	8.00	3.410 6%
2021-12-31	9年	9.00	3.468 1%
2021-12-31	10年	10.00	3.483 8%
2021-12-31	15年	15.00	3.677 4%
2021-12-31	20年	20.00	3.784 9%
2021-12-31	30年	30.00	3.854 6%

（四）带领学生了解债券相关法律法规，拓展知识路径（10分钟）

课程思政设计意图：引导学生了解金融业的法律法规及从业人员需遵循的学术规范。

路径：带领学生了解我国目前的收益率曲线（表4），并在财政部、中国债券信息网等网站学习地方政府债券发行管理办法、地方政府专项债券发行管理暂行办法、企业债券管理条例、短期融资券管理办法等。带领学生讨论我国如何根据金融业的发展来拓展及优化债券收益率曲线的构建。

表4　我国收益率曲线类型（节选）①

收益率曲线类型	收益率曲线名称
中债国债曲线	中债国债即期收益率曲线 中债国债到期收益率曲线 中债国债远期的即期收益率曲线 中债国债远期的到期收益率曲线
中债央行票据曲线	中债央行票据即期收益率曲线 中债央行票据到期收益率曲线 中债央行票据远期的即期收益率曲线 中债央行票据远期的到期收益率曲线
中债地方政府债曲线	中债地方政府债收益率曲线（AAA）（到期） 中债地方政府债收益率曲线（AAA）（即期） 中债地方政府债收益率曲线（AAA）（远期的到期） 中债地方政府债收益率曲线（AAA）（远期的即期） 中债地方政府债收益率曲线（AAA－）（到期） 中债地方政府债收益率曲线（AAA－）（即期） 中债地方政府债收益率曲线（AAA－）（远期的到期） 中债地方政府债收益率曲线（AAA－）（远期的即期）
中债政策性金融债曲线	中债农发行债收益率曲线（到期） 中债农发行债收益率曲线（即期） 中债农发行债收益率曲线（远期的到期） 中债农发行债收益率曲线（远期的即期） 中债进出口行债收益率曲线（到期） 中债进出口行债收益率曲线（即期） 中债进出口行债收益率曲线（远期的到期） 中债进出口行债收益率曲线（远期的即期） 中债国开债收益率曲线（到期） 中债国开债收益率曲线（即期） 中债国开债收益率曲线（远期的到期） 中债国开债收益率曲线（远期的即期） 中债浮动利率政策性金融债（Depo-1Y）点差曲线（到期） 中债浮动利率政策性金融债（SHIBOR-3M-5D）点差曲线（到期）

---

① 我国收益率曲线类型表是根据中国债券信息网（https://www.chinabond.com.cn/）中资料整理而得。

三、教学效果

(一) 案例开展的意义和价值

本课程在讲授专业知识的同时,将课程思政融入课堂教学建设全过程。作为一门实验课程,如何在实验操作的过程中,潜移默化地引导学生树立正确的学习态度和科学的研究精神,如何立足国家对金融专业人才的需求来学习专业知识是本课程思政教学设计的目标。上述两节课的教学流程设计和教学实施过程,都是基于这一目标进行的。

1. 课程设计及教学流程时刻坚持以学生为中心

国债收益率曲线是一国金融市场中最主要的收益率曲线,是许多金融产品定价的基准,在货币政策制定、传导和效应反馈中起重要的作用。同时,在当前环境下,金融产品层出不穷,如何科学地研究固定收益类证券类产品的风险收益显得至关重要,且越来越受到社会各界的重视。MATLAB 语言具有编写简单、编程效率高、易学易懂等特点,可运用于定义国债特征,满足不同用户计算需求,是金融专业的学生未来在实际的工作岗位上必不可少的工具。本课程首先引导学生了解已有研究,拓宽视野。其次,设计专项收益率曲线小型场景实验,通过软件演示帮助学生加深对理论知识的理解,并产生学习软件操作的兴趣。再次,课程通过设计小型工作项目,让学生们解决实际工作中收益率计算问题。最后,课程通过设计实践教学讨论环节,结合之前学习的课程知识和相应的岗位需求,讨论从业人员需要了解的法律法规和职业道德规范,让学生共同参与其中,探讨所学知识未来所用之处以及如何成为优秀的金融从业人员,实现从职业技能到职业道德的延伸学习。

2. 课程设计及教学流程时刻坚持以产出为导向

本课程的设计与实施夯实内涵力求掌握实际技能,拓宽外延促课程间融会贯通。课程讲授中,学习 EXCEL 与 MATLAB 软件中能够实现专业知识及技能学习的融合,课程任务中,让学生从实际的债券市场中查询理论概念在现实中的运用,以及现实中收益率曲线是如何被计算出来,将课程中学到的方法与实际中的结果相对应，让学生感受到完成项目、解决实际问题的乐趣。对学生而言，及时反馈项目产出成果能够获得最大的学习满足感。教师对学生输入了知识，学生输出了解决实际问题的能力，在实践中更加深刻体会到金融行业从业人员的技能要求。

3. 课程设计及教学流程时刻坚持以持续改进为目标

本科阶段的固定收益证券教学以讲解理论为主，注重相关模型的推导，较少涉及相关理论的实践，导致学生觉得课程枯燥乏味，无法激发学习兴趣，甚至产生厌学的情绪。同时，过多地注重理论教学也使学生的实践能力相对变得薄弱，在毕业实习和工作中很难快速满足岗位要求。MATLAB与固定收益证券计算这门课程能够很好地弥补这一缺陷。课程根据学生对实践能力的需求不断调整和改进教学方法，尽量模拟实际从业的完整场景和行业自律要求，将实践操作与现实一一匹配，培养具备专业知识和职业道德的金融人才。

（二）主要成效和特色

1. 课程的主要成效

基于课程思政的收益率曲线计算实验的教学设计，有效地提升了课堂教学质量。课程通过一个个具体的实验项目设计，使学生真正掌握了运用MATLAB和EXCEL工具来计算收益率指标并绘制收益率曲线。学生对专业知识及实际操作掌握扎实，对相关的法律法规有了一定的认识，主动了解我国不同类型债券的情况以及其他国家的固定收益证券，并能够学以致用。本课程的教学设计使得学生在掌握知识的基础上，培养了使用工具分析数据的能力，并对学生进行了正确的价值引领。学生对课程的评价较高且乐于向下一届同学推荐该课程。

2. 课程的主要特色

课程始终坚持"以学生为中心"，对于每一个学习主题，教师都引导学生自己动手，查找背景资料，学习软件操作，做到"知其然且知其所以然"。这种学习方法激发了学生的积极探索能力。

课程的学习中，教师和学生共同编写软件应用手册。针对软件的应用手册与课程要求有差距这一问题,老师和学生小组以项目的方式来学习,将学习内容集结成册,如此既能学习知识,又可以让学生体会完成项目的成就感。学生将因想要深度钻研某个问题而自主寻找资料并编制程序,师生共建资料库也将成为激发学生主动性的重要载体。

四、启发思考

(一)案例反思

本次课程教学中课程思政的经验主要有以下方面。

1. "以学生为中心"是课程思政教学设计的核心

课程思政教学设计的目标是引导学生在学习过程中强化"诚信品质、实践能力、创新意识、国际视野"这些品质。要潜移默化地培养学生的品质,需要所有的教学环节是以学生为中心的,所有的案例学习、场景模拟、补充材料都是需要根据学生的特性而设置的。本次课程遵循学生的特征及学习规律来设置蕴含课程思政目标的教学过程,思政教学效果良好。

2. 兴趣激发是课程思政教学中最为核心的环节

要实现课程思政教学目标,需要老师有效激发学生的兴趣。本课程教学中在讲解固定收益证券的 MATLAB 计算过程时,会引入不同类型债券的收益率问题,由此延伸比较国债与金融债券等非国债的税收等不同之处,激发学生探究其背后的原因,引导学生更加深入地了解我国及世界其他国家在债券方面的法律法规及职业道德,由此一步步推进。在此过程中,学生的学习兴趣被激发,主动学习更多专业知识和行业道德规范,由此完成课程思政教学目标。

3. 课程思政的教学方法可不拘泥于形式

本次课程是实验操作,但教学中可以融入思政教育,培养"诚信品质、实践能力、创新意识、国际视野"的高素质金融行业专业人才。教师讲解及学生小组实验操作中蕴含着"实践能力""创新意识""团结协作"的思政教育元素。学生学习小组共同查找实验原始数据及探究数据来源过程中蕴含着"诚信品质""团结协作"的思政教育元素。课程拓展学习中的国内外债券比较研究中蕴含着"国际视野"思政教育元素。这些不同路径的思政教育渗透在具体的教学流程中，可以潜移默化地将金融专业的学生培养成符合行业要求的金融人才。

4. 群体性动力对激发学生课程思政学习兴趣意义重大

本课程在课程思政设计中注重群体性动力的激发，对于小组项目中各个成员的课程思政关键点完成情况进行即时考核，小组成员间、小组之间不断进行比赛。同时本次课程中分别要求不同学习小组考察不同国家债券的起源及利率期限结构，并对不同国家的计算方法进行辨析，对不同的计算方法有优劣的辨析，也有新的计算方法的构想。这样不仅可以培育学生具有"国际视野"，还能激发学生的"创新意识"。在实际的教学过程中，及时进行随堂的职业道德及行业自律竞赛，这也是学生非常喜欢的方式，学生参与度高且效果良好。这样的教学流程既可以使学生加深专业知识的学习，又可以进行全方位的思政教育。

5. 持续性改进是课程思政教学的优化路径

全方位的思政教育需要不断优化教学模式，在不同时期，学生的特性会有所变化，教育的方式应该也随之改进、优化和创新。就本案例而言，未来的教学中需要特别关注课时不足以及课程校外延伸不够的问题。实验操作内容与课程思政内容虽然较好地融合在一起，但总体课时不够充足，学生课堂实操时间有所不足，后续需要改进课时量的问题；课堂延伸至校外不够，如能实地参观课程中涉及的各方机构（私募、公募机构、债券信息中心等），让学生更能沉浸式学习，贯通知识，打通模拟系统与现实世界的壁垒，更好地进行思政教育。

（二）启发思考题

中美债券的比较目的是希望学生既关注国内，也关注国外的债券市场，案例操作过程考查学生对本次课程所学知识及工具的掌握情况。本次课程给学生的启发思考题目兼顾实践能力与思政教育，学习小组分别选择以下题目之一撰写报告。

（1）中国国债与美国国债收益率曲线计算方法及案例操作；

(2) 中国地方政府债券与美国地方政府债收益率曲线计算方法及案例操作；

(3) 中国金融企业债与美国金融企业债收益率曲线计算方法及案例操作。

参考文献

[1] 王元昊,曾红.数学基本问题的 MATLAB 解法[M].北京:化学工业出版社,2019:15-26.

[2] 余胜威.MATLAB 数学建模经典案例实战[M].北京:清华大学出版社,2018:35-45.

[3] 王亮,冯国程,王兵团.基于 MATLAB 的线性代数实用教程[M].北京:科学出版社,2008:15-25.

[4] 教育部.高等学校课程思政建设指导纲要[EB/OL].(2020-05-28)[2022-12-24].http://www.gov.cn/zhengce/zhengceku/2020-06/06/content_5517606.htm.

[5] 布鲁斯·塔克曼,安杰尔·塞拉特.固定收益证券(中文版)[M].3 版.范龙振,林祥亮,戴思聪,等译.北京:机械工业出版社,2014:128-145.

[6] 弗兰克·J.法博齐.金融学译丛:固定收益证券手册[M].8 版.周尧,译.北京:中国人民大学出版社,2018:125-145.

嘉实投顾：人工智能能否助力基金业务转型升级

葛璐澜

智能投顾是将信息技术与传统的投资顾问业务进行融合产生的创新金融产品，随着互联网技术的不断发展，银行、券商、基金公司、互联网平台都在积极布局智能投顾业务。本次课程以嘉实投顾为例，对智能投顾业务进行详细介绍。首先，课程通过课堂提问引出智能投顾的定义、运作机制、运作特点等内容。其次，课程以嘉实投顾为例，介绍基金智能投顾产品的特点以及具体运作机制，并通过课堂提问引导学生比较智能投顾产品与传统金融产品的区别。最后，课程介绍了 Wealthfront 智能投顾产品，并引导学生比较中美智能投顾产品的差异，从而分析中国智能投顾市场的发展前景。

一、教学目标

（一）价值目标

在高质量经济发展的背景下，金融科技的应用越来越广泛。本案例通过介绍智能投顾产品，同时结合国家政策，引导学生认识到新形势下金融人才需要具备的能力和素养，鼓励学生切莫墨守成规，而是要根据社会发展需要进行职业规划，勇于承担社会责任。

（二）知识目标

随着信息技术的不断发展，计算机语言和金融的结合越来越密切。本案例引导学生们学习金融决策与计算机语言相结合的文化，逐渐适应不断变化的金融环境，提升对金融科技、投资策略、风险管理、产品定价等领域的认识。

(三) 能力目标

引导学生认识并探索中国特色的金融市场特征，正确认识金融市场和金融产品的作用，遵守职业道德，坚守底线，让教育不断适应新时代对金融人才的新要求。

二、思政育人目标

(一) 设计思路

本次课程以嘉实投顾为例，对智能投顾业务进行详细介绍。本课程嵌入的思政元素如下。

1. 创新的发展观

创新发展是新时代中国经济社会发展的重要理念，而智能投顾就是将计算机信息技术与传统投资顾问业务进行融合的创新金融产品。课程将引导学生深刻认识信息技术对国家经济发展、社会变革的作用，将信息技术运用到金融分析中，培养学生的创新意识。

2. 适应新时代发展需求的社会责任感

技术带来金融创新，能够对金融市场和金融服务造成重大影响。《金融科技发展规划（2022—2025 年）》指出，金融科技作为技术驱动的金融创新，是深化金融供给侧结构性改革、增强金融服务实体经济能力的重要引擎。科技创新在金融中的应用将越来越广泛，智能投顾便是金融科技创新的产物之一。课程在介绍智能投顾产品的过程中，结合我国国情，帮助学生们了解我国的经济社会发展理念、发展思路，培养学生适应新时代发展需求的社会责任感。

3. 家国情怀

虽然智能投顾起步于美国，但在中国拥有更加广大的市场和更加庞大的投资群体，具有更广阔的发展空间。本课程将结合中国的政策实践以及金融市场特征，突出我国金融市场的制度优势和治理效能，增强学生爱党爱国的情怀和国家民族认同感、自豪感。

(二) 设计目标

为提高学生的思想道德修养，促使学生在诚信品质、职业道德、责任意识、敬业精神、社会责任等方面全面发展，本次教学从智能投顾案例出发，对新时期金融计算设计和思想政治教育融合发展进行探索，促进课程思政融入课堂教学建设，培养德智体美劳全面发展的社会主义建设者和接班人。

(三) 育人主题

1. 价值取向

课程将引导学生深刻认识信息技术对于国家经济发展、社会变革的作用，将信息技术运用到金融分析中，培养学生的创新意识。

2. 家国情怀

课程结合中美智能投顾产品的差异，帮助学生认识中国特色金融市场的特征，引导学生们认识到丰富中国特色金融产品和完善中国特色金融市场体系的迫切性，提升学生投身经济社会建设的使命感和责任感。

3. 社会责任

课程在引导学生认识中国特色金融市场的同时，培养学生根据国家发展需求设计职业发展路径，帮助学生树立社会责任感和担当意识，鼓励学生积极投身于中国特色金融市场的建设中。

三、教学实施

教学时长：90分钟。

(一) 教学理念

随着金融科技的兴起，智能投顾应运而生。为了适应不断变化的金融市场，教师应引导学生结合当前数字技术的变革思考金融理论和实践的前景，摒弃墨守成规的思想，动员学生根据国家发展需求设计职业发展路径，培养其责任担当意识。课程通过比较中美金融产品的差异，将家国情怀融入教学，通过师生讨论、课后作业等教学方式，引导学生们将理论融入实践。

(二) 主要教学步骤

（1）提出问题、引发讨论，引出金融产品、投资顾问等知识点。

（2）通过具体的智能投顾产品引出具体教学问题，引导学生理解智能投顾产品的运作机制、筛选过程的特征。

（3）通过比较中美智能投顾产品的异同，引导学生对中国特色金融市场和金融产品的思考。

（三）课堂组织与实施

1. 课堂激活（5～10分钟）

首先，教师请3位同学阐述对"智能投顾"或者"投资顾问"的理解，其次点评学生的回复并让其思考："投资顾问"存在的原因是什么？同时，结合常用的"互联网金融""金融科技"等名词引出思考：为什么会有"智能投顾"产品产生？

思政讨论： 创新是驱动人类社会进步的因素之一，创新发展也是新时代中国经济社会发展的重要理念。智能投顾正是基于传统金融产品的一个重要创新，课程通过介绍智能投顾产品，引导学生树立创新的意识，鼓励学生们将创造性思维植入金融分析和学习，为创造性运用专业知识服务社会奠定基础。

2. 引出"投资顾问"和"智能投顾"两个概念（10分钟）

讲授方法：课堂讲解

重点讲解以下几个方面：

（1）投资顾问是连接用户端和金融产品端的重要桥梁，可通过一系列细致深入的访谈了解用户风险偏好，基于用户偏好定制资产组合。

（2）智能投顾就是人工智能＋投资顾问，智能投顾通过大数据识别用户风险偏好，通过机器学习的算法和模型定制风险资产组合。

（3）解析"投资顾问"与金融市场、金融产品的联系，以及"智能投顾"与"投资顾问"的区别。

思政讨论： 随着信息技术被越来越广泛地运用在金融体系中，单一地学习金融学理论知识可能很难满足社会岗位的需求。作为新时代的建设者和接班人，不仅需要具备扎实的金融理论知识，提升自身的信息技术素养，而且要摒弃墨守成规的思想，积极培养适应时代需求的职业技能，投身社会主义建设。同时引导学生结合当前数字技术的变革,思考金融理论和金融实践的前景。

3. 介绍智能投顾产品:嘉实投顾(20分钟)

讲授方法:课堂讲解+手机App演示+课堂互动提问

教师讲解嘉实基金旗下基金子公司嘉实财富推出的智能投顾产品——嘉实投顾的发展历史、运作模式、基金池、投资策略等。结合手机App界面演示嘉实投顾的操作流程,并展示不同风险承担和目标收益之下具体的投资策略。之后引发学生思考:与传统的金融产品相比,智能投顾有什么优势?智能投顾是不是十全十美的?智能投顾会存在什么样的劣势呢?

思政讨论:中国的智能投顾市场起步较晚,但投资前景广阔。引导学生结合中国的市场特征和中国投资者的特征,分析中国智能投顾市场的发展前景,并鼓励学生积极学习适应社会需求的信息技术,努力为社会经济的发展承担自己的责任。

4. 介绍嘉实投顾的优点以及不足(20分钟)

讲授方法:课堂讲解+互动提问

在介绍完嘉实投顾运作机制的基础上,教师接下来介绍嘉实投顾的优点以及不足之处。同时引出问题:与传统的金融产品相比,智能投顾带来更好的收益了吗?结合智能投顾的运作机制,请同学思考一下,如果智能投顾带来了更好的收益,是因为什么?如果没有带来更好的收益,又可能是因为什么?相较于传统金融产品,大家觉得智能投顾的发展前景如何?

思政讨论:智能投顾与传统的金融产品相比,有优势也有劣势,这正印证了马克思主义哲学的辩证唯物主义:事物都具有两面性。教导学生辩证地看待新事物,一分为二地思考问题。

5. 介绍美国的智能投顾产品Wealthfront(20分钟)

讲授方法:课堂讲解。

美国的智能投顾起步较早。Wealthfront是美国智能投顾的开创者,秉持被动投资的投资理念,坚持以ETFs为主,专注于每月定期调整资产配置内容,是一种长期配置策略。课堂将讲解美国智能投顾产品Wealthfront

的运营模型和投资策略。

6. 比较中美智能投顾产品的区别（10分钟）

讲授方法：互动提问。

在介绍完中国嘉实投顾和美国 Wealthfront 的基础上，引导学生们思考：中美智能投顾产品有什么样的差异？这些差异存在的原因是什么？相较于美国的智能投顾产品，中国的智能投顾产品体现了哪些更加贴近中国现实的设计理念？

思政讨论：智能投顾兴起于美国，美国的 Wealthfront、Betterment、Future Advisor 等曾经也是中国智能投顾产品模仿的对象。但随着中国智能投顾产品的不断完善以及中国投资者数据的不断积累，完全模仿美国公司是不可行的。可引导学生思考中美金融市场的差异，探索适合中国国情的投资产品。

7. 课程总结（5分钟）

总结智能投顾产品如嘉实投顾和 Wealthfront 的运作机制及产品特点，帮助学生提升对整改金融体系运行的认知，并引导学生通过在线文档分享学习体验。

（四）教学方法

（1）PPT 展示学习内容，便于学生理解；

（2）课堂提问引起学生的专注与思考；

（3）课堂讨论激发学生的主观能动性，加深对知识点的印象；

（4）通过学习平台发布随堂测试，及时评估学生对于重点概念的理解程度；

（5）布置课程作业，评估学生的学习效果；

（6）通过在线文档分享学习体验，根据学习体验及时调整教学内容。

四、教学效果

（一）案例开展的意义和价值

随着信息技术的不断发展，计算机技术与金融业务的融合不断加深，智能投顾便是信息技术对传统投资顾问业务的一大创新。本案例以嘉实投顾为例，具体介绍了智能投顾产品的特点、运作机制、优点以及不足，在帮助学生了解现代金融产品的特征的同时，引导学生们形成创新的发展意识，鼓励学生们适应不断变化的金融市场，根据社会发展需要树立正确的职业发展观，寓价值观引导于知识传授和能力培养之中。

（二）主要成效和特色

通过本次案例教学，达到了如下效果。

1. 促进知识掌握

通过具体的案例分析，提升学生的参与度，加深理解课程的关键概念和知识点，帮助学生更加深刻地认识智能投顾产品的特点和运作机制，强化学生对课程重点和难点的学习与掌握。

2. 提升价值实现

在经济高质量发展的背景下，金融与科技的结合愈发紧密，智能投顾产品就是金融科技发展背景下的产物。通过案例分析，引发学生关注国家的经济、金融政策走向，提升创新意识和厚植家国情怀。

3. 夯实对现代金融体系的认知

随着金融市场与信息技术不断融合，金融从业者在工作中越来越需要具备多维度的分析视角。通过课程教学，引发学生对金融市场运作的思考，加深对金融市场运作机制的理解。

五、启发思考

（一）案例反思

课程思政的探索是一个长期的过程，应该体现在教学的各个环节中。在今后的教学实践中，希望能够引入更多国家政策、文件制度等相关内容，结合中国社会实际以及中国特色社会主义的发展要求，设计更加具体的案例，将思政内容渗透在教学过程中。

除了课堂上使用的思政资源，也有许多课外的思政资源，包括与企业建立的产教融合实践基地、课外实习基地等。学生通过实习实践能够切实认识专业学习与实践对企业发展、社会金融的重要价值，激发学生树立职业理想、投身国家建设、履行社会责任的热情。同时，也可以邀请行业精英进行课堂教学，充分展现新时代金融人才的精神面貌，为学生在家国情怀、创新创业、履行社会责任等方面起到表率作用。

随着计算机技术应用的不断推广，信息技术在金融体系中的一个很重要的应用就是智能投顾。目前智能投顾仍处于较为早期的发展阶段，相信在未来也会有更多智能投顾的产品出现。在今后的课堂中，希望能够通过教学将最新的计算机技术和思想带入课堂，培养学生探索与创新的意识与精神，促进学生在诚信品质、职业道德、责任意识、敬业精神、社会责任等方面全面发展，从而为新时代中国特色社会主义的建设培养优秀的人才。

（二）启发思考题

（1）总结学生的课堂反馈，设计更加贴近生活实践的问题，调动学生的积极性。

（2）调研学生在实际工作、生活中会遇到哪些互联网金融相关问题，根据需求来调整学习内容。

参考文献

[1] 习近平.思政课程是落实立德树人根本任务的关键课程[J].求是,2020(17):4-16.

[2] 黄中生,董必荣,凌华.高级财务会计课程思政建设研究[J].财会通讯,2022(22):37-41.

[3] 姜涛,孙玉娟.高校课程思政建设存在的问题与对策探讨[J].学校党建与思想教育,2022(20):44-46.

[4] 寇龙,陈江燕.课程思政成效评价体系的构建路径[J].中国教育技术装备,2022(4):68-70.

[5] 蒲清平,黄媛媛.党的二十大精神融入课程思政的价值意蕴与实践路径[J].重庆大学学报(社会科学版),2022:1-13.

[6] 杨修平.论"课程育人"的本质[J].大学教育科学,2021(1):60-70.

慈善信托在第三次分配中的作用讨论案例

周珊珊　黄　燕

信托与金融租赁课程主要包括信托和融资租赁两个不同的业务部分，两个部分分别介绍信托和金融租赁的起源与发展历程、具体操作业务和相关法规制度，该课程目前在整个金融学课程教学体系中承载着提升学生对金融业务的认知能力、提升金融行业业务实践能力的功能。本课程案例主要是在信托部分，慈善信托是信托与融资租赁课程中的一种信托产品。目前许多学者认为慈善信托可以在我国的第三次分配中发挥重要作用，但是慈善信托如何在第三次分配中发挥作用，其作用机制和效率还有待实践的进一步检验。本课程学习目标：一是使学生重点理解和掌握我国第三次分配与中国特色社会主义道路以及共同富裕战略目标之间的关系；二是让学生理解在我国社会主义市场经济体制背景下，信托这种萌发于西方产权制度背景的金融产品应该如何发展，以促进我国共同富裕战略目标的实现。本课程通过讨论与辩论等教学方式来培养和提高学生分析和解决问题的能力，既注重实用性又兼顾创新性和前瞻性，特别注重让学生理解新时代共同富裕在第三次分配中的意义，引导学生准确理解社会主义核心价值观。

一、教学目标

本课程的教学目标是促进学生掌握慈善信托与第三次分配的概念、内容和操作流程，理解第三次分配制度，了解慈善信托在第三次分配中的地位和意义。课程将从慈善信托的基础知识、第三次分配的概念和内容等入手，分析慈善信托与第三次分配的关系，让学生理解第三次分配这一重要的社会制度，引导学生树立和践行社会主义核心价值观。课程通过论证我国信托制度发展和西方信托制度演变的关系，让学生理解何为第三次分配制度与中国特色社会主义道路，引导学生坚定"四个自信"。

二、思政育人目标

（一）设计思路

该课程坚持以"立德树人"为根本任务，恪守"立信"校训精神，不断提升学生的思想道德水平。在教学方法上，注重教师讲授与学生参与并重，注重与学生的互动。问卷调查、案例讨论等多种形式的课堂活动，启发学生思考"第三次分配与公益信托以及中国特色的共同富裕"的关系，提高学生对社会主义市场经济体制下的中国特色的共同富裕制度的认识；让学生理解我国信托与融资租赁行业在社会主义市场经济体制下，可以通过第三次分配制度的建设与设计，在共同富裕的道路上取得卓越成效。

（二）设计目标

该课程在信托业务教学部分，融入慈善信托与第三次分配，帮助学生理解共同富裕对提高人民生活水平的重要意义，认识共同富裕制度对消除两极分化和解决贫穷问题的重要作用。

（三）育人主题

育人主题主要是通过对慈善信托与第三次分配关系的案例导入、讲解与分析讨论，让学生深刻理解第三次分配与共同富裕制度，引导学生对"中国特色共同富裕"的价值认同，使其树立实现共同富裕的理想信念。

三、教学实施

（一）教学过程

首先，教师讲授有关公益信托的基础知识，并融入慈善信托在第三次分配中发挥作用的思政案例以及相关报道；其次，课程通过投票来进行分组课堂讨论，让持相近观点的同学分在一组，每组同学中选取代表进行辩论；接着各组进行总结发言，阐述本组的最终观点；最后教师对各组的发言内容进行评价与总结。

(二) 教学内容

1. 基础知识讲授

首先，课程通过"2022年交银国际信托——交银国信·上海远星乡村振兴公益慈善信托""交银国信·瑞禾鹤峰乡村振兴慈善信托"两项慈善信托项目实施情况的案例导入，重点介绍公益信托、第三次分配、共同富裕的相关概念、特点和运作方式，让学生了解与掌握相关的基础知识，让学生了解公益信托的多种形式和范围，包括教育、扶贫、医疗、文化、社会科学发展等社会福利项目，让学生理解发展公益信托对于第三次分配和共同富裕具有重要意义。其次，课程将对近几年我国提出的中国特色社会主义制度下的第三次分配和共同富裕制度进行介绍，让学生理解共同富裕制度在提高城乡居民收入水平、逐步缩小分配差距方面的重要作用。最后，教师引导学生阅读案例并思考讨论。

2. 案例阅读

课上，教师引导学生阅读2021年8月31日《金融时报》的资料文献："慈善信托可以在第三次分配中发挥积极作用"。该部分文献主要介绍了中央财经委员会第十次会议的相关精神，介绍我国在经济高质量发展中如何促进共同富裕，在当前的经济背景下如何正确处理效率和公平的关系，在分配制度中如何处理好初次分配、再分配和第三次分配的关系，以及协调配套的基础性制度安排。当下，许多学者对中国特色社会主义制度下的第三次分配和共同富裕制度进行了深入的解读，大多数学者认为慈善信托可在第三次分配中起到积极作用，促进共同富裕。慈善事业之所以可以成为第三次分配中的重要力量，是因为其可以通过社会力量来帮助社会弱势群体，改善分配结构，是对再分配的有益补充。当下许多企业的慈善信托的实践已经证明，慈善信托在缩小收入差距方面做出了积极贡献。

3. 问卷调查

在学生阅读完文献，开展讨论前，教师首先在超星学习通给学生发放问卷，让学生们自由选择他们认为慈善信托在第三次分配中发挥作用的程度。这一问卷调查采用的是态度量表形式,有助于掌握学生对此问题的理解程度,以便针对性地开展思政工作。

4. 案例讨论

在超星课程平台上,通过问卷调查,让学生们自己选择慈善信托在第三次分配中发挥作用的程度,然后利用超星学习通对结果进行统计,并按照统计结果对学生进行分组,让学生展开分组讨论并说明原因。讨论的问题具体为:① 你认为慈善信托如何在第三次分配中发挥积极作用?② 你认为引导慈善信托在第三次分配中发挥作用应注意什么问题?在分小组讨论完后将开展组间辩论,在辩论过程中,每组将会选派一位同学作总结,辩论结束后由教师对各组的发言内容进行评价与总结。

对于慈善信托在第三次分配中发挥作用的程度,大多数学生认为慈善信托对于第三次分配有较大和一定的作用,也有少部分学生认为作用较小。认为较大作用的学生多数支持当前专家的观点,并列举了当前各大商业银行以及微信、支付宝等大型企业在慈善信托中的案例作为支撑。认为作用较小的学生主要是依据慈善信托的规模在经济总量中占比还较小。学生在发言讨论中,通过对不同观点的思考和分析,能够更深层次地思考我国分配制度的改革,思考第三次分配制度对我国社会主义分配制度变革的重要影响,思考如何在社会主义市场经济体制的背景下实现共同富裕。这个过程对于培养学生的独立思考能力、引导学生理解国家的第三次分配政策具有重要意义。

对于引导慈善信托在第三次分配中发挥作用应注意什么问题,不同的小组也给出了不同的见解。在这一部分讨论中,教师引导学生通过图表法将每个小组的观点陈列出来,然后将所有小组的观点整合在一张表格中,最终形成对该问题的完整的结论。学生的结论主要包括:① 在第三次分配中要平衡好公平和效率的关系;② 在慈善信托支持第三次分配中要平衡好社会力量自愿捐赠和再分配之间的比例;③ 要在干中、学中不断探索适合我国社会主义市场经济体制的慈善信托模式,不断创新,适应第三次分配制度的改革。

5. 教学方法与创新

在教学方式上，采用混合式教学，充分利用线上资源和线下教学手段，通过学生自主查阅资料和教师提供资料两种模式，结合线上问卷调查和线下分组的形式，将不同意见的同学分在不同的小组。通过辩论与讨论相结合的模式，让学生在辩论中认识到我国第三次分配政策的重要性，也认识到慈善信托在第三次分配中的重要作用。这种创新的教学方式有助于提高学生对慈善信托与第三次分配的关系的理解，也加深学生对第三次分配这一重要政策的认识。

四、教学效果

（一）案例开展的意义和价值

课程案例通过对促进第三次分配发展的慈善信托案例进行分析，让学生理解我国当前的体制机制改革，理解共同富裕是社会主义的本质要求，是历史发展的必然趋势，也是人民群众的必然选择。在实现共同富裕的过程中，我们需要通过第三次分配等分配制度改革来实现共同富裕的目标，也需要通过不断的创新来实现共同富裕的目标。发展慈善信托，开展多种形式的金融创新，有助于推动第三次分配制度发展，推动社会实现共同富裕。

（二）主要成效和特色

本案例教学的主要成效和特色主要表现在以下两个方面：① 态度量表问卷设计创新，通过设计能够体现学生价值观，了解学生的对第三次分配这一问题的认知；② 在一个学期动态地将问卷分发给学生，及时把握学生价值观的发展方向。问卷通过一个学期的时间跨度，追踪学生的思想动态发展，把握学生的思想动态，帮助学生树立正确的价值观，精准培育和提升学生的诚信品质、职业道德和社会责任。

五、启发思考

（一）案例反思

在该思政教学过程中，需要在以下两个方面进行改进。

一是处理好产生于西方的金融产品在中国制度背景下的融合与创新问题。信托作为产生于西方制度下的金融产品，如何与中国特色社会主义制度相融合是思政教学中的难点。

二是处理好问卷调研和辩论过程中学生容易产生的冲突。在实际的课程思政教学中，每个学生对于第三次分配政策和信托产品所能发挥效用的认识是不一致的，在这种情况下进行辩论，极容易产生思想碰撞。这就要求教师用正确的方式引导学生以包容的心态和正确的价值观来看待这些问题，促进学生的身心健康成长。

（二）启发思考题

我国基本经济制度下的信托业务发展模式以及趋势，需要学生在全球视野下，结合中国国情来理解，这对于大部分学生来说并不容易。培养学生海纳百川的胸怀，需要广大师生持续的共同努力，也是一个需要持续研究的课题。

参考文献

[1] 胡萍.从"袁隆平慈善信托"看信托工具如何支持公益事业发展金[N].金融时报，2022-7-4(8).

[2] 胡萍.慈善信托可在三次分配中发挥积极作用[N].金融时报，2021-8-30(8).

[3] 陆建强.共同富裕、公益金融与企业家财富升维[J].浙江金融，2022,(4):3-7.

[4] 赵长利,孙新宝.慈善信托助推"共同富裕"新时代[J].中国外汇,2021,20(10):66-67.

[5] 吕鑫.从慈善事业到第三次分配:理论解析、实践现状与规范重构[J].社会保障评论,2022,6(5):102-118.

[6] 任甜甜.第三次分配是实现共同富裕的重要途径[J].西部学刊,2022,22(11):17-20.

金融科技的"亿亩田"也是金融的"一亩田"

魏 玮

网商银行2020年8月末上线的"亿亩田"项目，是一项基于卫星遥感和人工智能技术的智能化农村金融服务。该项目通过人工智能、大数据和卫星遥感技术，赋能农村金融。在这个项目中，网商银行通过卫星遥感和人工智能技术，丰富农户的可信数据，结合线下贷前调查建立精准全面的农户风险评估及管理体系，为广大种植业用户提供线上线下融合的贷款申请、贷款审批、贷款提取服务。"亿亩田"案例旨在引导学生理解如何利用金融科技解决农业贷款风险控制难的问题，认识到金融科技最终要为包括农业在内的实业服务。

一、教学目标

金融科技发展与监管是金融学专业的一门选修课，课程借助丰富的案例，帮助学生认识什么是金融科技并从金融科技发展历史探寻金融科技和金融、金融科技和科技的关系，了解金融科技发展的基础和底层技术；同时理解金融科技如何服务各行各业，理解金融科技发展带来的影响，以及如何监管等问题。

"亿亩田"的案例围绕金融科技如何服务"三农"、解决农业贷款风控问题展开。通过这个案例，帮助学生理解金融科技是由技术驱动的金融创新。金融科技先天的技术基因，决定其对解决过往金融服务中的难点会有突破性的优势，学生只有多了解先进技术，才能在学习过程中做到融会贯通。

二、思政育人目标

（一）设计思路

在开始本案例之前，课程已经讲授过金融科技的底层技术等基础知识。对于本案例的讲解，课程拟通过教师引导、学生讨论的方式，帮助学生理解金融科技的应用。课程将首先提出问题：如果"亿亩田"是为农村金融服务的银行，如何解决贷前风控、贷中风控等问题？然后简要讲解这个案例，并为学生布置问题："亿亩田"好吗，好在哪里，解决了什么问题？"亿亩田"案例跟你预想的有什么不一样？最后教师将对案例进行总结，回到课程及思政教学目标中。

（二）设计目标

启发学生思考：作为金融从业者，我们是直面问题，还是回避问题？特别是对于需要大力支持的"三农"问题，我们的社会责任感该如何体现？教育学生学习先进的理念和技术，特别是金融科技，不应只在光鲜亮丽的写字楼用，而是应该真正想办法服务实体经济，服务社会。

（三）育人主题

社会责任，是本案例强调的育人主题。金融科技与最前沿的人工智能、大数据等技术紧密相连，看似与最古老的农业相距遥远，但农业也是金融应该并且必须要支持的产业，如何更好地为农业、农村、农民提供金融服务，是我们有了更先进的金融科技之后不能忽视的问题，更是金融从业者社会责任的重要体现。

三、教学实施

（一）教学理念

教师只负责启发、引导；学生只有通过讨论，查资料，自主学习，才能有自己的收获和领悟。案例讨论虽然占用较多课时，但应该给予足够时间保证学生可以充分思考。

（二）教学内容

1. 教师的案例介绍

在技术上，网商银行通过卫星遥感技术获取农业种植大户种植的农作物全生长周期遥感影像，为农户授信策略提供可信任、可追溯的数据源，扩展数据维度。再经由人工智能图像识别技术分析遥感影像，实现作物品类、种植面积、长势情况等识别，建立作物种植画像，以便了解农户贷款需求时点及授信中的动态管理。最后，网商银行运用大数据风控技术，构建种植品类（果蔬茶等）行业风控模型，实现对农户的精准授信，提升"三农"用户融资效率。在大数据建模上，该项目深度结合种植行业特点，参考了中国遥感中心、大地量子、佳格等专业机构作物模型，基于优质产区种植品类的长势数据，建立不同区域、不同季节、不同行业种植成本的差异化风控体系，使用合法合规的数据源进行模型训练，提高风控准确度。通过新技术赋能，网商银行在贷前阶段能够识别作物种类及面积，从而给出授信额度；贷中阶段识别作物长势监控潜在风险，动态调整授信额度。在赋能成效上，网商银行预计可以服务的个人用户数约 500 万人，用户主要为种植大户、职业农民、家庭农场、农业合作社等，年融资笔数约 200 万笔，年授信额度约 600 亿元。

2. 为学生准备的问题

课程案例中提到的技术有哪些？各有什么作用？行业风控模型指的是什么？精准授信是什么意思？贷中阶段如何进行作物长势监控？

3. 学生可利用的资源

手机、电脑等可上网设备，自主查询相关资料。

4. 教师的引导和师生互动

学生经过小组讨论，对以上第 2 点教学内容所列问题有了初步答案，教师给予相应的判断答复，再进行师生互动，讨论下列问题：

（1）我们学金融、学金融科技的目的是什么？

（2）农业需要金融吗？答案是肯定的。但是作为银行贷款给农业的风险点有哪些？

(3)"亿亩田"好吗？好在哪里？解决了什么问题？跟你预想的有什么不一样？

(4)"亿亩田"解决的是种地所需要的金融支持，你还能推广到其他领域吗？

5. 教师作案例总结

农业和芯片制造、医药、汽车等行业一样，都是需要资金支持的。金融和金融科技的职责当然包括支持农业、农村和农民。中国目前的农业尚未像发达国家一样大规模生产，其中一个关键问题就是没有大规模的资金支持。科技改变生活，金融科技也为金融服务提供了更多可能性。过去金融服务做不到对农业的贷前风险识别和贷中风险监控。有了金融科技，以上目标不仅可以实现，而且快且准。金融科技可以为农业提供金融服务，也可以成为农业、农村、农民的行业智囊。有了遥感科技和图像识别等技术，结合天气、地理等外部指标，一定能给现代农民提供更多智慧支持。

当金融从业者为开发区、工业园、写字楼里的公司提供金融解决方案时，我们不该忘了农业、农村和农民。农民的责任是种好庄稼，那么，金融从业者责任是什么呢？应该是为所有产业提供金融服务。

(三) 教学方法

案例教学法：准备充分的案例材料，并预设学生可能遇到的问题。启发、引导学生讨论和自主学习，给予学生充分的自主思考时间。

(四) 教学创新

课程选取的案例本身不是学生常见的案例，对学生来说有新鲜感。

以学生自主学习为主，启发和引导以及案例总结是教师把握和实现教学目标的重要抓手。

四、教学效果

(一) 案例开展的意义和价值

本案例比较新颖，能够引起学生兴趣。同时学生借助手机、电脑去查阅相关资料，这个过程就像探宝和破案一样，有挑战而且有收获。在这个案例的讲解和学习中，学生认识到金融科技如何在一个看似普通的农村信贷中发挥作用，是理论联系实际的生动展示。

该案例选取的是我们通常认为较难获得支持的种植业，对比遥感技术、图像识别、人工智能这些先进的技术似乎较为遥远，但如果金融科技能够服务这些比较难的领域，那么其可用性就更广了。另外，社会责任感是社会人都应该具备的，金融人应该全面思考如何更好地为各行各业服务。

（二）主要成效和特色

本课程最后一节课时，每位学生都按要求写下了本课程的收获。很多学生认识到金融科技大有可为，应该开拓思路，服务行业，服务社会，承担作为从业者该有的责任。

在和同行的交流中，教师们也认为这个案例很好，是金融服务农业的典型案例，而且以后的发展前景也很广阔。

五、启发思考

（一）案例反思

案例教学的关键问题是如何在案例讲解与引导中不仅做到理论联系实际，还能贯彻好思政教育。

本案例的经验有以下三方面：第一，选择的案例要能够理论联系实际，而且尽可能新鲜有趣，能够激发学生兴趣，进而引发学生思考；第二，要对案例教学进行充分准备，包括如何引入案例，如何设置学生自主讨论和学习的问题，预设学生找到的资料和答案，进而帮助学生归纳分析和总结，让学生自主发现案例的意义和价值，做到思政教育的"润物细无声"；第三，要多鼓励学生自主学习，金融科技包含的前沿技术比较多，以此案例为例，不仅有大数据和人工智能，还有卫星遥感、图像识别等，因此学生可能会有畏难情绪，教师可以通过这些科技的常见应用增强学生的信心，鼓励他们积极查找相关资料。

尽管做了充分的准备，课程依然有可以改进的地方，比如对银行信贷风险控制，有的学生了解得并不清楚。前序课程虽然包括金融学，但因为金融科技发展与监管和商业银行学是同一个学期的课程，即使知道一些关于信贷风控的知识，仍需要带领学生进行一次充分的复习。

（二）启发思考题

金融科技的"亿亩田"也是金融行业的"一亩田"。"三农"需要金融支持，但农民不了解人工智能、大数据等金融科技，也没有途径去接触，本该服务"三农"的众多农村银行也不一定知道有这个途径。这个局该如何破？谁来破？都觉得"一亩田"可以做成"亿亩田"，那么网商银行的"亿亩田"怎么推广？这是课程最后留下的启发和思考。

参考文献

[1] 朱武祥,张启路,江雪颖,等.数据与智能科技破解农村金融难题 网商银行农村金融产品演进与"大山雀"项目的产生及迭代[J].数据,2021(12):36-42.

[2] 林梦瑶.浙江网商银行金融服务产品旺农贷预授信案例研究[D].哈尔滨:哈尔滨商业大学,2021:17-22.

[3] 王炜,李睿."技数"改变金融服务模式:浙江网商银行的数字化实践[J].银行家,2019(1):88-90.

[4] 张宇.互联网银行促进普惠金融发展研究[D].南昌:江西师范大学,2019:11-25.

[5] 黄浩.互联网银行的普惠金融实践[J].清华金融评论,2017(5):40-41.

金融工程学的鼻祖——雷格纳特的生平和启示

浦江燕

法国人雷格纳特作为金融工程学的鼻祖,是第一位用数学语言来描述金融市场运作机制的人。雷格纳特的童年并不富裕,19岁担任抄写员,同时旁听和自学了布鲁塞尔自由大学的高级数学课程,28岁成为巴黎交易所经纪人助理,在短短一年时间内他将所学的数学和金融市场结合在一起,著有《概率计算与股票交易哲学》,这本书目前被多家图书馆收藏。他用科学理论支撑了他的所有分析,并发展出一套关于金融市场的理论。他后来的实践也证明了他书中内容的正确性,同时他的学习过程值得学生去借鉴。

一、教学目标

在金融工程学第一章,我们用雷格纳特的著作《概率计算与股票交易哲学》来引出金融工程的思想、理念,并且以他的生平事迹给学生以启发。

(1)激发学生对该课程的兴趣;

(2)了解金融工程的本质是用工程、数学的方法解决金融问题;

(3)了解金融工程学中的期权概念,股票价格的偏离程度与所考察的时间周期的平方根成正比;

(4)达到课程思政的育人目标。

二、思政育人目标

(一)设计思路

(1)教师讲授具体案例;

(2)在学习通发布讨论,让学生简述他们听完这个案例后的感受;

(3) 总结学生们的回答后，并表达教师的观点。

（二）设计目标

(1) 帮助学生树立自主学习和终身学习的理念；

(2) 我们所学的东西有时候看上去是无用的，但是一旦有机会，所有的积累都会发挥出巨大的价值；

(3) 我们只有真正对一个东西产生出强烈的兴趣和热爱的时候，才能在这个行业做得持久并且做出成绩。

（三）育人主题

培养学生终身学习和自主学习的意识，培育学生的钻研精神、工匠精神，引导学生努力成为社会主义合格建设者和可靠接班人。

三、教学实施

（一）讲授完整案例

金融工程学的第一节课介绍金融工程发展的开端。

金融工程的本质是用工程、数学的方法解决金融问题。雷格纳特是第一位用数学语言来描述股票市场运作机制的人。

雷格纳特出生于 1834 年，父亲在他 12 岁的时候于穷困潦倒中去世，作为穷人家的孩子，19 岁的雷格纳特找了一份抄写员的工作。工作之余，他旁听了布鲁塞尔自由大学的高级数学课程。当雷格纳特 28 岁时，他搬到了巴黎一间小公寓，那间公寓离巴黎交易所不远。不久他找到了一份巴黎交易所的经纪人助理的工作，对于这份工作，他不仅仅满足于低买高卖股票来获取收益，而是更愿意花时间探究哪些投资操作会获利，为什么会获利，哪些操作则不会。在当助理一年后，雷格纳特就开始编写书籍《概率计算与股票交易哲学》。他根据自己的分析，发展出了一套关于金融市场运作机制的理论。在书中，他用科学理论来支撑他所有的分析。1863 年，在雷格纳特 29 岁时，他的《概率计算与股票交易哲学》一书便出版了。

《概率计算与股票交易哲学》一书中提到了很多内容，这里简单列举一二，比如书中，雷格纳特使用了概率论的基本原理来解释股票价格的涨跌，也提到了信息在决定金融市场价格中的关键作用，即股票当前的价格包含了市场上的所有信息，包括对未来发展的预期，这个发现在一个世纪以后才用公式精确地表示出来。雷格纳特利用巴黎交易所 1825 年至 1862 年的历史数据，对持有股票的回报与持有股票的时间之间的关系进行了深刻分析。他得出一个结论：从平均的角度来看，股票价格的偏离在相同的时间周期中维持不变，而且随着持有股票的时间越长，偏离就越大。他第一次用公式表示出了惊人的数字规律：股票价格的偏离程度与所考察的时间周期的平方根成正比。而这个规律正好就是布朗运动的特征，这个规律为后续课程期权定价埋下伏笔。

雷格纳特有很多机会在市场上使用他的技巧。他在交易所为自己交易了近 20 年的时间，当他 47 岁时，他已经积累到了大量的财富。雷格纳特于 1894 年 12 月逝世，在他的一生中，除了留下了大量的财富，还完成了一部真正具有突破性意义的著作，该著作目前被多伦多大学、法国国家图书馆、美国国会图书馆、大英图书馆、天主教鲁汶大学等收藏。

（二）在学习通发布讨论，让学生简述他们听完这个案例的感受

学生讨论案例过程中，表达自己的观点是必不可少的，甚至是非常关键的。现在的学生都有自己独立的思想，如果跳过第二步，直接进入第三步，让教师直接谈个人体会，教学效果未必好。只有当学生自己根据案例展开思考时，这个案例教学才有意义。

（三）总结学生们的回答后，教师表达个人观点

学生讨论完毕，教师首先总结讨论内容，再给出两点个人体会：第一，雷格纳特家境贫寒，并没有接受过正规的高等教育。他的书出版了以后，有很多学者来研究该书的内容以及作者的经历，想看看他读的是哪一所大学，学了哪些课程，却发现找不到有关他的高等教育经历的证明。而他的书中又大量地运用了高等数学、概率论等比较前沿的知识，可见他不仅对金融工程学十分热爱，而且下了功夫。并且以数学和金融知识的学习作为积累，他从事了一个他真正热爱的工作——金融交易。

所以，学习并不仅仅只在课堂里，而是可以随时随地广泛学习各类知识并产生让人意想不到的效果。

第二，雷格纳特1862年进入交易所当经纪人助理，1863年就出版了《概率计算与股票交易哲学》。他在短短的一年内便完成了这本书的撰写。一方面，雷格纳特肯定对金融市场是敏感且有天赋的，另外一方面他真的热爱这个行业，并且很用心去钻研。他并不是以盈利为目的，而是对整个金融市场进行了更深入的思考。

四、教学效果

（一）案例开展的意义和价值

首先从教学内容来说，雷格纳特的案例是本门课程的一个铺垫。金融工程是用工程和数学的方法来解决金融问题，课程会比较多地用到数学计算方法，但最终要解决金融市场中存在的需求和问题。在金融工程学开篇讲这个案例，可以让学生能够直观地认识金融工程，雷格纳特在实践上的成功也会激起学生对这门课的兴趣。

案例提到了雷格纳特在《概率计算与股票交易哲学》一书中一个非常重要的结论：股票价格的偏离程度与所考察的时间周期成平方根关系。这个结论也是布朗运动的运动特征，在后续课程内容布莱克-斯科尔斯期权定价中，我们用几何布朗运动来描述股票价格的运动轨迹。这个结论为布莱克-斯科尔斯期权定价作了一个铺垫，让学生先有一个印象，等课程后续再讲到这个结论的时候，前后有呼应。

另外，课程有助于让学生形成自主学习和终身学习的概念。就像雷格纳特虽没有获得高等教育的证书，但他掌握了很前沿的数学理论，这对他发现金融市场规律和完成著作《概率计算与股票交易哲学》起到了关键作用。

通过课程，让学生了解我们所学的知识有时看上去是无用的，但是一旦有机会，所有的积累都会发挥出巨大的价值。作为金融专业的学生，我们不仅要学习金融专业知识，更应该把眼界放开，全面吸收知识的养分。

当我们真正对一个领域产生强烈兴趣时，才能做得持久并且容易出成果。雷格纳特在他热爱且擅长的行业里，在短短一年内写出了伟大的著作。很多同学高考后选择金融相关专业，可能是因为父母的选择，或是因为金融较为热门。但是我们在大学里面不仅仅要学专业知识，也要不断去了解自己想要什么、喜欢什么、擅长什么。若能将自己擅长的和所学的结合在一起，则是一件幸福的事情。

（二）主要成效和特色

在金融工程学课程的第一节课上，教师都会介绍雷格纳特的生平。在讲述案例之后，教师会在学习通发布讨论。以下是学生上课时听到案例后的感悟和反馈：

（1）要灵活运用所学理论，结合实际。

（2）有努力就会有收获，实践是检验真理的唯一标准。

（3）学习需格纳特的努力钻研精神。

（4）数学模型是研究金融工程的基础。

（5）实践是认识的来源与基础。

在超星学习通上，学生积极参与互动，畅所欲言，给到积极的反馈。

五、启发思考

（一）案例反思

（1）教学中的关键问题是讲完案例后，让学生思考自己的感受。只有经过他们自己的思考后教师再总结，再提炼，这样的案例才会更有价值。

（2）金融工程学课程有很多经典的案例，通过介绍雷格纳特的生平，可以让学生多了解一点金融工程的发展历史和有趣的人物拓宽他们的视野。

（3）学习金融工程学这门课关键在于掌握远期、期货、期权和互换的策略、定价、运用和风险管理等相关知识。课程思政对于这门课而言就如同鸡汤里面放的盐，不能放太多，太多容易喧宾夺主，但也不能放太少，太少鸡汤就没有味道。课程思政的案例要能达到使金融工程学"这碗汤"

更鲜的作用。

(二) 启发思考题

作为高校教师,培养人才任重而道远。也希望雷格纳特的案例能给学生以启发,培养学生自主学习和终身学习的意识。让学生自觉涉猎不同领域的知识,融会贯通,自由探索,为以后进一步学习和研究打好基础。

参考文献

[1] 乔治·G.斯皮罗.定价未来:撼动华尔街的量化金融史[M].王彩虹,译.北京:机械工业出版社,2014.

[2] 习近平.高举中国特色社会主义伟大旗帜为全面建设社会主义现代化国家而团结奋斗:在中国共产党第二十次全国代表大会上的报告[EB/OL].(2022-10-26)[2022-12-21].https://baijiahao.baidu.com/s?id=1747731294518899648&wfr=spider&for=pc.

银行理财产品的创新与发展

伦晓波

金融创新极大促进了金融理财市场的发展,但由于长期以来实行分业监管,缺乏统一的监管标准,在监管宽松和金融创新名义下,银行发行理财产品,借助信托、券商、基金、保险等通道将资金最终投向地方融资平台、房地产行业等非标准债权或者进行债券、股票等投资。理财产品通过层层嵌套绕过监管部门对信贷规模和限制性领域的监管,不能真实反映金融体系风险,导致实际流入市场的货币量增加,削弱宏观调控力度。

伴随《关于规范金融机构资产管理业务的指导意见》《商业银行理财业务监督管理办法》《商业银行理财子公司管理办法》等监管政策出台,对银行理财产品的监管力度不断增加,金融理财市场按照监管导向有序转型,回归"受人之托、代客理财"本源,总体运行更加规范,金融理财市场创新和发展进入新的阶段。

一、教学目标

(一)学情分析

学生的知识结构分析:学生通过前期学习,已具备一定的专业知识基础,对金融理财学相关知识有初步的了解,但是学生所掌握的知识呈现碎片化特点。

学生的能力结构分析:学生逐步尝试用专业知识解决实际金融问题,部分学生有了初步的金融理财实践。

学生的思想状态分析:学生思维活跃,喜欢探究,对从事金融理财行业相关工作充满期待。但是,由于本门课是选修课,学生的重视程度不够,经常会产生懈怠心理。同时,学生的金融理财观不成熟,如对于如何正确处理风险和盈利的关系，学生存在诸多迷茫。

（二）课堂主题

课堂主题：银行理财产品的主要品种及创新。

教学重难点：理解并掌握银行理财产品的发展和创新方向；正确处理监管和创新的关系，强化合规理念和职业道德意识。

（三）思政育人目标

1. 设计思路

结合课程"综合性、动态性、理论和实践高度融合"的特点，教学设计的思路为"线上学习+线下体验式教学"。

2. 教学目标

设计目标：正确处理创新与监管的关系，树立遵纪守法观念和合规理念，强化有道德、有职业素养、有担当的金融理财职业意识。

知识目标：掌握银行理财产品的基本类型，掌握不同类型银行理财产品的风险收益特征，理解银行理财产品的设计思路。

能力目标：紧密跟踪银行理财产品的最新进展及监管动态，把握银行理财产品的发展和转型方向，培养银行理财产品设计和创新能力。

3. 育人主题

以培养有职业素养的金融理财专业人才为主题。

二、教学实施

有机结合课前、课中、课后三个环节，紧密衔接线上与线下教学活动，构建以学生为中心的教与学的新型关系。

（一）课前：基于学习通的在线学习和课前探究

充分利用超星学习通等工具，实现线上线下紧密衔接的混合式教学模式。通过构建内容丰富、形式多样的线上学习资料，依托学习通上的课件、视频、习题、案例等学习资料，驱动学生开启在线预习和学习。通过对于开放性、没有标准答案的知识点和价值性知识学习，让学生有充分的自我构建的机会和时间。为了让学习过程兼顾自主性和合作性，采取"群组式"学习方式向学生提供材料：银行的影子和监管博弈。让学生分组探究：银行理财产品如何异化创新，与监管层不断博弈，发展成影子银行。什么样的银行理财产品创新才是真正意义的创新，银行理财产品创新的方向是什么？

教学团队充分利用超星学习通等工具，并辅以微信群、QQ群等工具，为学生提供讨论、点评、指导等，使学生积极响应在线学习，高效完成学习任务。

（二）课中：参与互动中有效融入课程思政元素

1. 明确多维度学习目标

向学生传递教学目标和要求。

2. 基于案例和问题的导入

案例名称：银行理财产品的创新与发展。

案例初步导入：甲银行发行理财产品，将认购资金与乙信托公司设立"某某资金信托"，取得"某某资金信托"的信托收益权，由乙信托公司以其名义向丙公司发放信托贷款。

问题的设计：根据投资对象，判断银行理财产品类型。银行为什么不直接放贷给丙公司，反而通过信托计划绕道投资？此类银行理财产品的创新是否存在问题？

问题的设计需要从低级到高级，层层递进，逐步深入。以上三个问题中，第一个是知识型问题，采取问答形式，通过学习通收集学生答案，展示学生作答情况，学生能非常清晰地知道自己以及其他同学对知识型问题的掌握程度，以督促学生查漏补缺。同时，此问题相对简单，学生非常容易给出正确答案，可以激发学生的兴趣、增加学生的课堂参与度。在知识型问题回答的基础上，第二、第三个问题可以引发学生思考此类行为背后的原因及存在的问题，这两个问题的设计相对简单，既能引发学生价值性思考，又为后续深度分析与讨论奠定坚实的基础。

进一步，课程将引入分业监管背景下银行理财产品如何不断异化创新,银行理财产品创新如何通过创造不同的通道进行监管套利,以及统一监管时代背景下银行理财产品的转型之路等问题。通过层层设计,打通银行理财产品创新和发展的历史、现在与未来,引发学生思考以下问题:① 此时的产品创新是否是真正意义的创新?② 什么样的银行理财产品创新才是真正意义的创新?③ 银行理财产品创新的方向是什么?

课程的问题设计既促使学生梳理关键知识点——银行理财产品的类型及创新,又促使学生深度思考银行理财产品的设计思路,并引发学生思考银行理财产品创新和监管的关系,充分意识到不要为了一时之利益不守规则,坚守金融理财行业为实体经济服务的初心,实现知识学习和价值性学习有效融合的目标。

3. 案例深度分析与讨论

首先,通过问答式学习串联知识体系+重难点讲解。以问题为导向,将分散的知识点梳理成逻辑体系框架,同时在过程中观察学生反应,并给予学生思考、反馈的机会。

其次,在小组展示探究成果+知识中融入思政元素。通过课堂展示等环节让学生充分展示他们在自主学习中探究到的知识以及价值诉求。演讲者将学到的知识运用到实际问题分析中,展示了银行理财产品异化创新的背景和形式。同时,在回答"什么样的银行理财产品创新才是真正意义上的创新"这个问题时,演讲者意识到银信合作类等理财产品借助通道绕过监管,提高社会融资成本,引致金融风险累积。这样的创新偏离"受人之托,代客理财"本源,不合规,不长久。真正的创新应该回归本源、服务实体,向着净值化、规范化、专业化的方向发展。学生既展示了对知识的探究结果,又展示了他们对理财产品创新的合规理念、金融理财职业道德的理解,实现了知识和价值学习的统一。

最后,开展课堂研讨+评价并优化。学生分组进行探讨,对课堂展示进行评价,并进一步探讨银行理财产品的创新方向,提出优化方案。

4. 归纳总结与拓展

引导学生归纳、总结知识点和价值诉求,从而形成完整的知识和价值体系。同时，教师进行启发、点拨以实现学生知识、能力、价值观的迁移和认同。

此时，学生意犹未尽，期待这样有趣、有思想的案例式讨论能够持续开展。

5. 课后：后续课程预告，促进学生"学"与"用"有机融合

发布课程作业和拓展阅读，形成教学设计的逻辑闭环。对于掌握不足或者需要进一步答疑解惑的同学，教师将提供线上和课下面对面多种形式的指导。同时，鼓励学生通过参与金融理财讲座、参与金融理财大赛、社会调查、实习等形式进行实践强化。

三、教学效果

（一）案例开展的意义和价值

在案例的深度参与中，同时实现课程思政育人目标、知识目标和能力目标。

课程将通过学习通，向班级 57 名学生发放调研问卷。

（二）主要成效和特色

1. 教育教学质量好

调研结果如图 1、图 2 和图 3 所示，100%的学生认为这种教学模式能比传统的填鸭式教学掌握更多的知识；94.7%的学生认为教学模式的创新提高了学习积极性；学生提出 119 个开放式金融理财问题；96.5%的学生喜欢课堂案例。

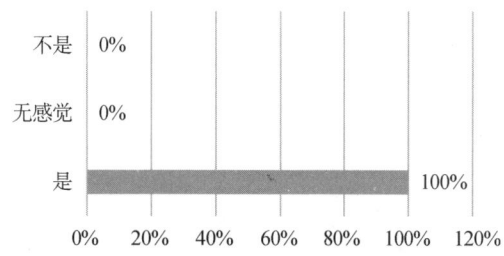

图 1　相对于传统的填鸭式教学，在课堂内是否掌握更多的知识点

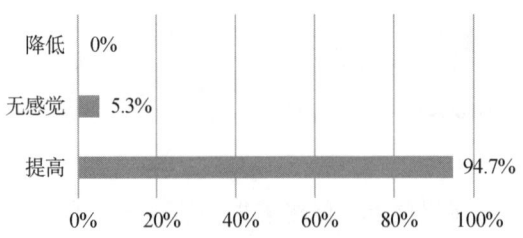

图 2　教学模式创新，是否提高学习积极性

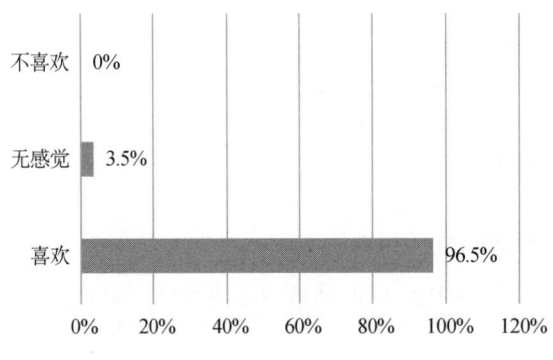

图 3　是否喜欢课上拓展的案例

2. 学生价值认同度高

调研结果如图 4、图 5 和图 6 所示，84.2%的学生认为有必要引入课程思政元素；通过课程思政元素的融入，100%的学生认为课程有助于培养风险控制意识；98.2%的学生认为课程有助于金融理财观的形成；80.7%的学生认为有助于培养职业道德；80.7%的学生认为有助于培养正确的金钱观。

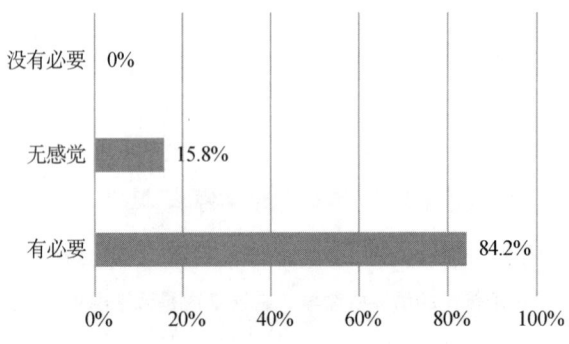

图 4　课程思政元素的引入是否必要

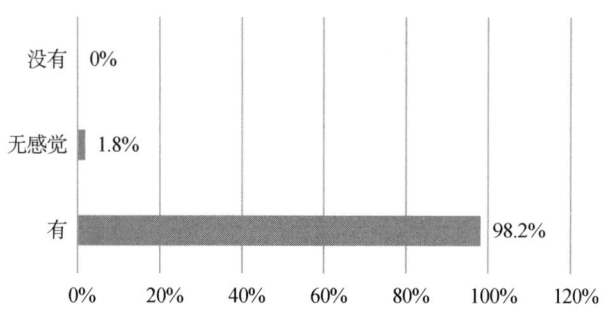

图 5　是否对金融理财观的形成有帮助

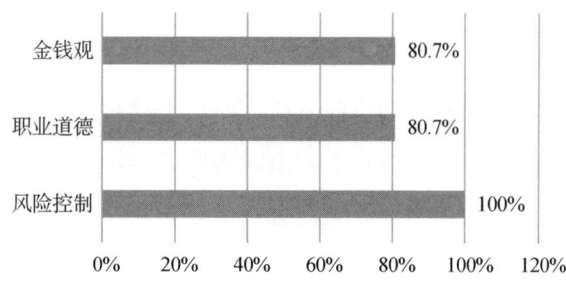

图 6　课程思政元素的融入，有助于形成何种价值观（多选）

3. 广泛交流、互学互鉴

金融理财学教材，体现了上海立信会计金融学院的学科特色，荣获上海市普通高校优秀教材奖和中国大学出版社优秀教材奖，被多所学校采纳为指导教材，具有一定社会影响力，学生和社会反响好；通过立信教学论坛、开放金融理财学观摩课堂、校课程思政建设研讨会、主题分享等多个渠道，金融理财人才培养和课程建设经验被多次分享，成果应用得到推广。

4. 各级领导和同行专家予以高度肯定

教师在多次教学综合评价中获得优秀；教学督导听课多次对该课的评价为优秀，评语包括"讲课热情，精神饱满，善于运用启发式教学""巧妙运用一系列问题引入讲课主题，引起学生学习的兴趣"等。

四、启发思考

（一）案例反思

1. 案例设计注重实现课程思政育人、知识传授和能力提升多重目标

该案例教学既能让学生把握银行理财产品的主要品种、创新等主要知识点，培养学生追踪金融理财市场前沿和监管动态、构建新时代背景下金融理财创新方向的能力，又能引导学生思考银行理财产品创新与监管的关系，树立合规观念，同时实现思政育人目标、知识目标和能力目标。

2. 把握前沿

该案例教学紧扣统一监管时代背景，立足银行理财市场前沿，满足学生对市场前沿知识的需求，从而更能吸引学生兴趣，受到学生欢迎。金融市场的发展日新月异，学生对前沿知识有着非常高的要求，教师需要多花精力掌握市场与监管动态。

3. 体现特色

课程注重金融理财专业特色的凝练，对接金融理财师行业需求和上海全球资管中心建设，有效适应社会对金融理财人才的需求，形成金融理财人才专业特色培养模式，为上海立信会计金融学院金融学国家一流专业建设提供重要特色支撑，这是最重要的创新。

4. 有机融入

创新教学模式，改革教学方法，完善线上线下混合式教学，采用启发式、案例式等教学方法，建立"学生本位"互动式教学模式，实现育人目标和专业能力目标有机融合；构建动态化、开放性教学内容，创新课程考核评价方法。基于成果导向教育的理念，构建促进学生发展的教学评价，让师生都有获得感。

（二）启发思考题

教学过程中需要进一步深入思考和解决的难点问题：一是如何进一步动态优化学生对课程思政教学的反馈，如何掌握学生的真实需求；二是基于成果导向教育的理念，如何更精准地设计、发展教学评价体系？

参考文献

[1] 艾正家,殷林森,伦晓波.金融理财学[M].3版.上海:复旦大学出版社,2021.
[2] 中国人民银行.中国人民银行有关部门负责人就《关于规范金融机构资产管理业务的指导意见（征求意见稿）》答记者问[EB/OL].(2017-11-17)[2022-12-09].http://www.pbc.gov.cn/goutongjiaoliu/113456/113469/3420458/index.html.

［3］中国银行保险监督管理委员会.商业银行理财业务监督管理办法［EB/OL］.（2018-10-19）［2022-12-09］.http：//www.cbirc.gov.cn/cn/view/pages/ItemDetail.html?docId＝196218&itemId＝928&generaltype＝0.

［4］中国银行保险监督管理委员会.中国银保监会有关部门负责人就《商业银行理财业务监督管理办法》答记者问［EB/OL］.（2018-09-28）［2022-12-09］.http：//www.cbirc.gov.cn/cn/view/pages/ItemDetail.html?docId＝194054&itemId＝915&generaltype＝0.

［5］中国银行保险监督管理委员会.商业银行理财子公司管理办法［EB/OL］.（2018-12-02）［2022-12-09］.http：//www.cbirc.gov.cn/cn/view/pages/ItemDetail.html?docId＝200707.

基于思政育人的金融礼仪课程案例设计

王云鹤

当前,上海正处于全力打响"四大品牌"("上海服务"、"上海制造"、"上海购物"、"上海文化")的关键时期,随着经济服务化的快速发展,以金融为代表的现代服务业对经济的支撑作用逐渐增强,提升金融服务实体经济的能力和质效,是推进实体经济高质量发展的关键课题。金融工作人员的服务礼仪修养直接体现了金融企业的服务质量和管理水平。金融礼仪课程应将思政育人理念与礼仪文化传播有机结合,将金融职业精神的培养过程与金融专业课程的教学过程进行有效融合。授课教师在案例设计中应以情境设置为铺垫、以技能目标为切入口、以情感与分寸为主要训练方向,牢牢把握课程内涵的现代性、实践性和应用性,着眼于培养金融类学生的专业实践能力,最终实现课程思政培养目标。

一、教学目标

"仓廪实而知礼节",知"礼"行"仪"是人们日常必须遵守的行为规范和准则。礼节在国际交往、客户交际、商务谈判等金融行业常规业务中发挥着重要作用。"礼仪规范、礼节到位"是金融从业人员的必备素质与职业规范,礼仪教育也是思政育人的重要环节,因此在设计金融礼仪课程思政案例时应从礼仪文化背景出发,注重礼仪理论概论与礼仪实践训练"三位一体"的递进融合,着眼于培养金融类学生在金融业务环境中的人际交往能力与实际工作氛围中的职业素养。如何从传统的理论讲授转变为以应用实践为主导,将金融礼仪文化背景、理论知识、课堂应用与弘扬和发展中华传统礼仪相融合是本案例设计的目标。

二、育人目标

（一）设计思路

基于教学反馈，本课程案例以思政育人培养视角下的金融礼仪课程设计为方向，探索金融礼仪课程和思政育人的有机结合路径，设立与时俱进、符合育人思路的教学思政目标，并结合目标不断挖掘知识点中的思政映射点以及思政案例的应用方法。

（二）设计目标

1. 知识掌握目标

针对课程章节和教学内容，本课程案例设计目标主要体现在以下几个方面：① 通过对礼仪基本理论知识的讲解，使学生了解并掌握金融活动各个环节中的礼仪与礼节，掌握仪表、仪态、仪容等礼仪规范；② 了解商务接待和商务拜访的礼仪要求，能够遵循金融活动惯例与客户进行沟通；③ 了解商务谈判的环节，了解不同国家和地区的谈判风格及谈判人员应注意的礼仪细节；④ 了解不同专题性商务社交活动自身特有的规范，重点掌握赴宴应注意的礼仪规范和庆典仪式的礼仪规范等；⑤ 熟练应用社交语言礼仪，进一步掌握交谈礼仪、商务谈判礼仪、演讲礼仪、电话礼仪等，并对如何运用礼仪知识处理问题、应对特殊情境进行案例演练；⑥ 通过对日常公众生活中的称呼与介绍礼仪、见面礼仪、迎送接待礼仪、访问礼仪等的了解，掌握其基本的礼仪规范，以充分体现个人的修养和民族的文明；⑦ 在大学生应聘与面试专题中，了解求职及面试情况，掌握求职面试时应注意的礼仪规范。

2. 个人提升目标

在商务谈判、涉外交往场景中提升学生的思辨创新能力；在仪态、着装礼仪教学中提高学生的审美素质和鉴赏能力；通过不断练习优雅的仪态、得体的举止和恰当的处事方式，来提升学生的个人魅力，展现金融从业人员的良好职业道德与素养。

3. 情感共鸣目标

此目标为本课程思政育人的特色和重点，希望学生在职业情景练习和案例分析中对敬业、诚信、友善的社会责任感产生共鸣、在跨文化交际活动中增强对祖国的认同感和对中华传统文化的信心。

三、教学实施

（一）教学过程

金融礼仪由教师进行理论讲授，讲解本节课的礼仪情境、要点和规范（着重强调知识点包含的思政目标）；学生主导实践教学，通过职业情景练习和案例分析来分组演练，提高了学生的参与度和课堂趣味性。

（二）案例背景

金融国际化背景下从业者将参与国际性商务活动，商务活动往往是展现个人职业素养、维护企业形象的重要社交场合。在涉外交往的特定环节或突发状况中如何维护国家形象是思政育人的重要环节。本案例的设计重点是教授学生如何在涉外活动中赢得交往对象的尊重，并展现自身职业素养，突出中国礼仪之邦的形象，促进企业间的交流。

（三）案例详解

本案例选自商务社交礼仪中的"座次礼仪"。以涉外交往为例，在大国峰会的情景下传达"座次礼仪"的基本理念。在授课过程中，有机融入爱国、自立、文化自信等思政内容。通过本案例的教学，达成如下目标：

（1）学会正确看待、理性分析和判断目前大国之间的关系；

（2）明白何为"为国而战"，教育学生要爱国、自强自立、振兴中华等；

（3）树立"细节决定成败""以家为家，以乡为乡，以国为国，以天下为天下""勿以恶小而为之，勿以善小而不为"等职业道德意识；

（4）树立文化自信，弘扬社会主义核心价值观。

1. 思政育人设计方案

思政育人设计方案见表1。

表1　思政育人设计方案

教学环节/内容	思政融入点	教学过程和教学方法
导入环节	正确分析和看待大国之间的关系 体会"国强则民强"的含义	学生观看2018年在阿根廷布宜诺斯艾利斯举行的二十国集团领导人峰会（G20）中在马克里总统欢迎晚宴的视频，分析他们的合影站位，讨论现在的大国关系（分小组）
座次的作用	教育学生要爱国、自强自立、振兴中华等	教师讲解"东京国际法庭大审判"中梅汝傲外交官对法庭上座次排列顺序的据理力争的故事 学生分析、提炼座次在国际交往中的重要作用
座次的安排及遵循的原则	树立"细节决定成败""勿以恶小而为之，勿以善小而不为"等意识 职场座位安排的严谨态度	教师讲解座次安排的原则 学生根据所给案例背景分小组进行模拟演练 小组之间互评 教师点评总结
中西方座次安排的区别	树立文化自信 弘扬社会主义核心价值观	对比中国政务会议座次及国际礼仪中座次安排的照片，分小组讨论其区别 教师讲解中国传统礼仪"以左为尊"的由来以及与国际礼仪"以右为上"的区别及联系
总结环节	尊己敬人	教师总结位次礼仪安排中的具体操作规则：以"前排为上""面门为上""居中为上""以远为上"等

2. 教学案例"座次礼仪"教学安排

思政育人设计方案见表2。

表2 教学案例"座次礼仪"教学安排

教学环节/内容	教学活动	信息化载体/资源素材	参观体验/思政融入点	课堂讨论
课前预习	学生阅读《史记·项羽本纪》中有关鸿门宴的记载	《史记》中记载"项王、项伯东乡（向）坐，亚父南乡（向）坐。……沛公北乡（向）坐，张良西乡（向）侍。"	中华文化的博大精深，不必洋洋洒洒地描述当时的场景与气氛，只点出几个方向，便令读者身临其境 古人起坐方向，所关非小，座位安排体现了尊卑分明、国家尊严	课堂上分享读后感
导入讨论环节	学生分析《史记》中描述的刘邦、项羽、张良、范增等座位安排（分小组）	名著《史记·项羽本纪》	从文化传承角度分析讨论座次安排的重要性 弘扬文明、和谐、爱国、友善等价值观	通过座位安排，学生讨论分析：名著中描绘的座次场景对情节渲染是否重要？向我们展示了怎样的座次安排规则？
座次的作用	教师讲解"东京国际法庭大审判"中中国外交官梅汝璈对法庭上座次排列顺序的据理力争的故事	电影《东京审判》	每一个中国人都应该维护国家尊严，都肩负振兴中华的重任 教育学生要爱国、自强自立，要学好知识、掌握好本领，为祖国的发展做出自己的贡献 弘扬公平、公正等社会主义核心价值观	学生讨论何为"为国而战" 分析讨论座次在国际交往中的重要作用
座次的安排及遵循的原则	教师讲解不同场景中座次安排的原则 学生根据所给案例背景分小组进行模拟演练 小组之间互评教师点评总结	案例背景（演练案例1个） 案例背景（分析案例2个）	在工作中要树立严谨的工作态度和工作作风 树立"以家为家，以乡为乡，以国为国，以天下为天下"的意识	学生活动：我来排一排座位 小组之间互相点评，讨论座次排列是否正确

(续表)

教学环节/内容	教学活动	信息化载体/资源素材	参观体验/思政融入点	课堂讨论
中西方座次安排的区别、座次礼仪在中国的应用	教师讲解中国传统礼仪"以左为尊"的由来以及与国际礼仪"以右为上"的区别及联系	情境设置：不同情景的座次礼仪	树立文化自信 尊重、包容、开放、自信的价值观 大国担当、爱国情怀	对比中国会议座次及国际礼仪中座次安排的照片，分小组讨论其区别
金融行业中的应用	教师总结本节课礼仪知识，并介绍金融活动中的应用规范	情景互动演练：依据本节课程所学知识处理金融业务中的突发事件	遵守金融行业的职业道德规范 建立严谨的工作态度，树立正确的价值观	通过互动演练，学生交流金融服务中礼仪的应用
课外延展	周恩来的《镜箴》及风采	周恩来总理青年时代在南开中学读书时，校门处立着一面醒目的大镜子，镜子上方篆刻着南开学校创始人严修书写的"容止格言"："面必净，发必理，衣必整，纽必结；头容正，肩容平，胸容宽，背容直。气象勿傲勿暴勿怠，颜色宜和宜静宜庄。"这段著名的"容止格言"每天提醒着南开的学子要时刻保持端庄得体的仪表、仪容、仪态，处处注意自己的容貌举止	衣冠整洁、仪表大方，是对人有礼貌的表现，也是中华民族的优良传统	通过讨论周总理的外交风采，谈谈在外交场合中如何体现大国气度

(续表)

教学环节/内容	教学活动	信息化载体/资源素材	参观体验/思政融入点	课堂讨论
总结环节	教师总结位次礼仪安排中的具体操作规则：以"前排为上""面门为上""居中为上""以远为上"等	作业：完成案例座次安排	礼仪中最讲究"尊重"二字，要学会尊己敬人	—

四、教学效果

（1）合作及沟通能力提升：通过小组合作完成案例分享、会议座次设计和展示、组间互相点评等，提升沟通及协作能力。

（2）提升爱国、担当意识：通过观看《东京审判》视频、G20分会合影照片，分析大国关系，使学生树立起爱国、担当、振兴中华的使命感。

（3）形成严谨的工作态度：通过对会议座次的模拟操练、自评和互评，树立"细节决定成败"的意识。

（4）树立文化自信、自强不息的价值观：通过讲述中华民族传统餐桌礼仪中"上左尊东""面朝大门为尊"的典故，使学生懂得中国是世界闻名的"礼仪之邦"。

五、启发思考

金融礼仪课程应注重示范式互动教学，以讲授金融业务与服务为主线，以培养学生金融职业能力为目标，设计可以让学生亲身体验的礼仪环节（如中国古代拱手礼和抱拳礼的体验），让学生系统学习金融礼仪修养的同时，将课程细化成具体专题加以实践，通过增设模拟商务谈判、礼仪展示、汉服体验、情境重现与案例分析、金融礼仪大赛形象等课堂活动来增强课堂互动，提升教学效果。一方面，规范学生的仪表、仪容、仪态，提高学生从业意识和个人修养；另一方面，使学生在思政育人的角度了解和体验到中华优秀传统文化的滋养，并能够内化于心，且应用到金融服务、职业实践中，以落实好立德树人的根本任务。

参考文献

[1] 吴军飞.基于职业素养发展的"金融服务礼仪"课程育人功能探讨[J].大学,2022(12):71-74.

[2] 王祺,蒋彬.课程思政融入高职实训课的实践探索:以金融服务礼仪实训课为例[J].中外企业文化,2022(1):190-191.

[3] 陈敏.基于行业标准的高校金融管理类专业《商务礼仪》精品课程教学改革探究[J].科幻画报,2022(1):171-172.

[4] 高德毅,宗爱东.课程思政:有效发挥课堂育人主渠道作用的必然选择[J].思想政治理论导刊,2017(1):31-34.

[5] 张瑞馨.线上线下一体化:金融服务礼仪课程OTO教学模式改革与实践[J].营销界,2020(26):71-72.

[6] 石玥.基于"职业岗位能力培养"的高职金融服务礼仪课程改革研究[J].中国管理信息化,2021,24(21):240-241.

"中航油事件"的教训和启示

郑 伟

2004年起，中国航油（新加坡）股份有限公司（以下简称中航油）开始在未经国家有关机构批准的情况下擅自从事石油衍生品期权交易，在初期小有获利之后迅速出现亏损。在2004年年末石油期货价格迅速攀升之时，公司领导陈久霖做出错误判断，出售大量看涨期权（即所谓卖空），最终导致5.5亿美元的巨额亏损，净资产不过1.45亿美元的中航油公司严重资不抵债，事情引起了中国和新加坡舆论的高度重视。在中国，该事件暴露出对国有企业的监督管控不足，以及国有资产流失的问题。

教训1：没有落实内控制度。

教训2：缺乏风险管理意识。

教训3：赌徒心理。

启示：中航油事件不能说明期货期权等衍生工具有问题。期货期权会不会产生风险不在于衍生品本身，期货期权等衍生品作为一种金融工具本身是无辜的，罪在对它的不当使用。大型企业所使用的期货、期权工具不是太多，而是太少，还不足以有效对冲面临的风险。使用期货期权等工具对冲风险时，一定要严格进行对冲操作并落实风险管理措施。不能将套期保值的头寸变成投机的头寸，造成难以挽回的损失。

一、教学目标

在金融工程专业实验实验项目6"指数资产利用股指期货合约和期权合约套期保值的对比分析"中，引入该案例进行教学，让学生学会使用股指期货合约和期权合约进行套期保值的原理及操作，同时使学生认识到使用衍生品时进行风险管理的重要性，认识到使用衍生品用于投机的巨大风险和危害，以形成正确的风险观念。

二、思政育人目标

（一）设计思路

课程在讲解套期保值原理和具体操作过程中，将案例内容与专业内容有机结合，通过实验的具体数据计算，了解期货和期权收益波动的较大风险。结合案例过程，讲解金融衍生品，尤其是期权，进行投机和套期保值的区别，以及可能产生的巨大风险。

通过案例，使学生理解使用衍生品套期保值时，如果将套期保值头寸变为投机头寸将产生的巨大风险，对套期保值理论和操作有更深刻的认识，达到思政育人目标。

（二）设计目标

第一，通过案例，讲解使用不同期权头寸可能带来的风险，帮助学生理解不同期权头寸的风险收益特征。

第二，通过案例，帮助学生理解使用期货和期权进行套期保值的区别及其各自的优点和不足，对套期保值理论和操作有更深刻的认识。

第三，帮助学生认识到使用衍生品管理风险的重要性，在今后的实际工作岗位上，敬畏市场，严格遵守金融风险管理制度。

（三）育人主题

通过课程思政案例教学，帮助学生树立正确的风险管理观念，培养良好的金融职业操守。

三、教学实施

近年来在金融工程专业实验教学过程中，不断进行课程思政教学尝试，可从以下几个方面进行总结。

（一）教学理念

课程思政内容应与专业教学内容紧密结合，不应该割裂开来。本课程引入中，紧密结合专业内容，采用具体数据或分析，做到"言之有物"，

体现"润物细无声"的教学效果。

(二)教学过程

1. 结合专业教学内容，合理安排案例教学

金融工程专业实验是金融工程专业的核心实验课程。本课程在12周的教学时间内，需要进行8~9次实验。实验内容涵盖证券期货交易、资产组合市场模型、套期保值、组合投资优化、债券久期、VaR计算、期权定价等。

本课程的实验项目4—实验项目6，是课程的核心内容，构成了完整的证券资产套期保值部分。实验项目6"指数资产利用股指期货合约和期权合约套期保值的对比分析"，主要内容是利用股指期货合约和期权合约的套期保值进行对比分析，包括以下两个部分。

(1) 指数资产使用对应指数的股指期货合约的套期保值。

对于上证50ETF资产，在指定的时间段内，利用上证50股指期货合约"上证主连"(IHL8)的交易价格信息，计算套期保值结果。

(2) 指数资产使用期权合约的套期保值。

对于上证50ETF资产，在指定的时间段内，利用上证50认沽期权合约进行套保，计算套期保值结果。而上证50认沽期权又分为平值、虚值、实值期权三种情况进行讨论。

"中航油"事件的教学案例主要阐明不恰当使用期权合约产生的风险，因此根据教学内容，这部分案例教学安排在本次实验的第二部分进行讲解。在该部分内容中，首先要向学生讲解利用期权进行套期保值的原理，然后进一步讲授如何进行套期保值操作。

在讲解使用期权套期保值原理时，要对照看涨期权和看跌期权头寸的盈亏分布图，讲解不同期权头寸进行套期保值的效果和可能产生的风险。此处的理论教学内容可以作为课程思政案例教学的融入点，将案例内容引入，以实际发生的案例解释使用看涨期权头寸的风险问题，进而将课程思政内容引入理论教学。通过该案例，结合该部分的使用期权套期保值的理论分析，帮助学生更生动地理解不同期权头寸的风险收益状态，以及怎样进行套期保值，并吸收案例中蕴含的课程思政内容，引发关于风险和风险管理观念的进一步思考。

2. 案例分析要结合市场实际展开，做到言之有物

课程思政教学应避免空洞叙述，泛泛而谈，在具体教学中应结合实际经济金融环境具体展开。比如，在"中航油"事件案例中，需要结合事件发生过程中的原油价格波动情况，对照看涨期权的多头和空头头寸的风险收益图，详细解释为什么会发生重大损失，帮助学生更生动地认识期权的风险。此外，在引用数据进行分析时，可以和本次实验的期权套期保值等专业内容紧密结合，提示学生如果中航油公司使用期权进行套期保值，应该进行怎样的操作。

3. 案例教学注重总结和启发

课程思政教学时，通过案例得到什么经验教训，获得什么样的启示，是教学的落脚点。在教学中，要注重对案例进行经验总结，同时，根据经验教训，启发学生进行思考，得到一定的启示。比如，在"中航油"事件的案例中，我们可以至少总结出以下教训："中航油"之所以会发生巨大损失，是因为公司没有有效落实内控制度、公司决策层缺乏风险管理意识、公司领导的赌徒心理等。在这些教训的基础上，至少可以从以下几个方面启发学生进行思考：中航油公司产生的巨大损失，是衍生品的错，还是衍生工具使用者的错？衍生工具本身具有高风险的特点，是否应该用来进行套期保值？如果必须使用衍生工具进行套期保值，应该怎样在制度上进行约束？作为金融从业者，在进行衍生品交易过程中，应该坚守怎样的职业操守？

（三）教学方法

充分利用现有线上教学条件进行混合式教学，提升教学效果。近3年，各门课程都完成了超星平台的课程网站建设，搭建了线上教学课堂。课程思政教学应充分利用线上教学条件，积极开展混合式教学。因此，将教学案例充实到课程网站资源上，在实验室教学的同时，利用线上课程平台，通过讨论、问卷调查等方式，进行课程思政的混合式教学创新尝试，提升课程思政效果。因此，在本门课程中，每项实验中设计了课程思政的内容，在期末通过调查问卷的形式，考查课程思政教学效果。

四、教学效果

（一）案例开展的意义和价值

1. 在专业教学方面

教学中引入的案例与专业教学内容相关性较高，因此对专业知识的教学有较大辅助作用。通过案例教学，学生对期权交易不同头寸，尤其是看涨期权头寸的风险、对使用期权进行套期保值和投机的区别，有更清晰的认识，有助于更好地掌握专业内容。单纯学习理论知识，对金融问题的认识还停留在表面。通过案例教学可以促进学生对专业问题的理解，对于错误的交易行为产生的危害有更加深入的理解，有助于使教学产生事半功倍的效果。

2. 在课程思政方面

通过对案例的过程、产生巨亏的原因、教训和启示的总结，使学生对衍生品风险的理解更贴合市场实际，帮助学生树立正确的风险观念和风险对冲理念，有助于学生在未来的实际金融岗位上遵守风险控制制度，养成良好的金融职业操守。

（二）主要成效和特色

本门课程的实验项目中，设计了一定的课程思政内容，而"中航油"的案例是这些课程思政内容的组成部分。对课程思政教学效果的考查，主要通过学期末发布调查问卷来实现。在学期末课程结束前，授课教师向学生发放调查问卷，分析通过课程思政教学，学生对待衍生工具、风险和风险管理的理念是否产生一定的改变。调查问卷的部分结果如图1所示，可以看出，通过课程学习，多数学生对风险和风险管理有了较为正面的认识。

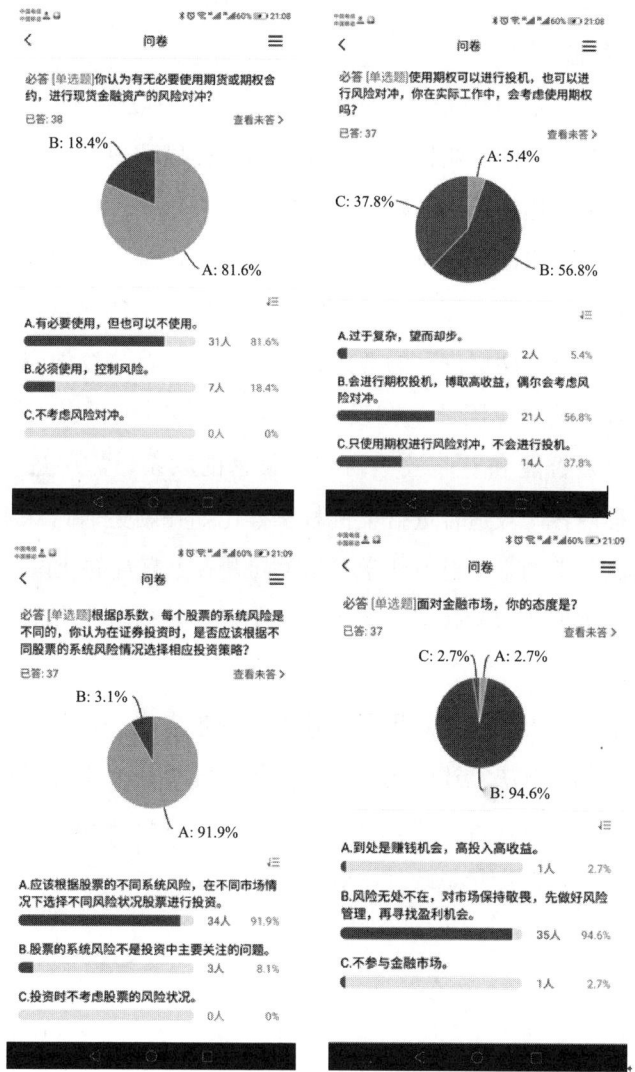

图 1 部分调查问卷截图①

五、启发思考

(一) 案例反思

案例教学是一种比较好的课程思政切入方式,使得教学内容易于接

---

① 资料来源:对 2018 级金融工程 1 班学生的调查问卷。

受，对专业课程学习以及思政教学都有明显的作用。

（二）启发思考题

案例教学启发教师不断思考如何更好地进行课程思政教学。例如：

（1）怎样在正常的专业教学中合理安排课程思政内容，使教学既能促进专业教学，又能达到预期思政教学目标？

课程思政内容应该和专业教学内容紧密结合，避免出现专业教学内容和思政内容割裂的情况。在实际教学中，有的教师单独把思政内容提出来进行教学，给人以"两层皮"的感觉。作者认为，思政教学应该体现"润物无声"的教学效果。因此，在设计教学内容的时候，引入什么样的案例，案例内容是否能和专业教学内容有紧密的联系，需要进行较多的考量。有的课程内容比较适合进行案例教学，比如在新生研讨课中引入较多案例，使得刚入学的学生对专业学习相关问题有更直观的认识。

（2）对课程思政教学效果能否进行量化评价，通过怎样的方式进行评价更合理？

怎样评价课程思政教学效果是思政教学的难点之一，其主要原因是教学效果难以量化。解决上述问题的思路是将课程思政效果与专业教学中某些部分结合起来进行评价，比如与平时成绩中的课堂表现相结合，通过设置讨论主题等形式，衡量思政教学效果。

参考文献

[1] 谢非,赵宸元.金融风险管理实务案例[M].1版.北京:经济管理出版社,2019:106-110.

[2] 郑伟.金融工程实验教程[M].1版.上海:上海财经大学出版社,2016:39-42.

[3] 冯林,梁巧慧,彭红枫.金融类专业课程思政的理论思考及实践[J].山东教育(高教),2020,(12):32-33.

[4] 孙婷.风险管理课程思政教学探究[J].西部素质教育,2022,8(11):54-56.

2022 年上半年人民币汇率中期贬值趋势分析

焦 武

2022 年 4 月中旬以来,美元兑人民币汇率快速从 6.4 贬值到 6.6 附近,引发市场关注。为减缓人民币贬值速度,同年 4 月 25 日,中国人民银行(PBOC)宣布自 2022 年 5 月 15 日起金融机构外汇存款准备金率下调 1 个百分点,由之前的 9% 下调到 8%。这是央行在 2021 年人民币升值连续两次上调金融机构外汇存款准备金率后,首次下调外汇存款准备金率。

经过分析可知,2022 年 4 月以来人民币快速贬值可能跟以下三大因素相关:

(1) 2022 年 3 月中旬以来突发公共卫生事件对中国经济及出口造成比较严重损害;

(2) 美联储加息周期下美元指数强势上涨,突破 20 年新高,追高到 106 附近;

(3) 俄乌冲突导致对美元的避险性需求增加。

在强势美元背景下,人民币汇率在上半年出现贬值并形成趋势,见图 1。

图 1 人民币汇率走势

资料来源:https://www.ckgsb.edu.cn/faculty/article/detail/157/6470.html。

一、教学目标

融入思政元素的教学主题:人民币汇率制度演变的历史和趋势。人民币汇率制度演变的最终趋势是人民币汇率自由浮动,但在这之前有几种过渡阶段:盯住美元窄幅波动→参考篮子货币调节→爬行盯住→扩大爬行区间……;宏观审慎与资本流动管理。汇率成功转型的国家:波兰、智利、以色列、印度。

融入思政元素的教学内容:"8.11汇改"内容及其重大意义。中国国际收支平衡转为跨境资本流动主导,且资本外流由过去的经济基本面主导转为市场情绪主导。Frankel(1999)认为没有一种最优的汇率选择会适合于所有国家或者一个国家的所有时期。人民币汇率自由浮动会面临哪些风险?目前参考货币篮子调节的人民币汇率制度的优势和风险有哪些?人民币汇率如何走向自由浮动?如何理解汇率成功转型的经验四原则(相机原则、渐进原则、市场原则和定力原则)?

融入思政元素的教学目标:通过理论以及人民币汇率制度的演变实践和近期国际国内有关汇率的金融案例分析让学生们掌握汇率制度演化的驱动力,深刻理解中国汇率制度改革的"三性"原则以及人民币汇率制度未来最终走向自由浮动的驱动力和前提条件。

二、思政育人目标

(一)设计思路

根据案例材料在上述教学目标指引下设计思考题,学生通过仔细阅读案例材料和其他辅助材料内容,激发其解决问题的兴趣。

(二)设计目标

引导学生关注中国现实问题,理解中国汇率制度改革的历史逻辑、现实选择以及未来走向。

(三)育人主题

培养学生辩证和动态地看待问题的历史观。任何现存的制度都有其合理的一面，比如，当前的人民币汇率制度就是符合当前中国经济发展阶段的比较合理的选择。但是，制度的选择一般都具有阶段性，因此随着中国经济发展步入更高阶段，汇率制度也必须随之调整。

三、教学实施

教学目的是理论联系实际，学以致用。因此在教学过程中课程需要根据教学内容，择机选择相关的金融热点现实问题和教学内容相结合，锻炼学生使用所学知识解决实际问题的能力。

在本课程教学进入到第四章和第五章后，课程将以文章《人民币汇率中期贬值趋势形成》结合教学实践设计如下思考题作为课堂作业。

（1）为何下调金融机构外汇存款准备金率会延缓人民币贬值趋势？（25 分）

（2）当前导致人民币汇率贬值的原因主要有哪些？（25 分）

（3）根据本课程学到的知识，你认为在当前美元升值、人民币贬值的背景下，是否可以推出新的人民币汇改？（25 分）

（4）当前在美联储强加息周期下，中美 10 年期国债收益率出现倒挂，这会导致人民币汇率如何变动？为什么？（25 分）

此案例的问题设计完全是在理论联系实践、学以致用的教学理念指引下，契合了辩证看待中国金融改革发展的课程思政元素，采纳了数据、材料、设问、思考、讨论、回答等来完成的。

第一问设计的思路和目的是：结合课程教学内容，考查学生掌握汇率升贬值的逻辑，即汇率是外汇市场的价格变量，同样符合市场经济规律。下调金融机构外汇存款准备金率会释放出更多的外汇，外汇供给增加后就可以延缓人民币贬值趋势。

第二问设计的思路和目的是：此问题答案可以从案例材料中找到，目的是考查学生阅读资料和提取关键信息的能力。

第三问设计的思路和目的是：需要学生根据教学内容和案例材料给出逻辑回答，因此是一道启发题。但此启发题完全可以根据学生已经掌握的学习知识给出符合逻辑的判断。比如，课程讲授过程中详细讲解了如下两

个关键问题。

其一，汇率成功转型的经验总结。

（1）相机原则。在汇率转型过程中根据国内外情况（通胀、汇率升贬值压力、国际收支变动等）对汇率政策进行灵活调整。

（2）渐进原则。不谋求一步到位，而是循序渐进，先易后难，避免汇率出现大幅波动。

（3）市场原则。为完成汇率转型所做出的大量相关准备工作，包括建设外汇市场、放松汇率波幅限制、将通胀目标作为货币政策新的名义锚等。

（4）定力原则。有公信力的央行在推进汇率改革时更容易获得市场认可，可以更好地管理市场预期。习近平总书记在党的二十大报告中提到"务必敢于斗争、善于斗争"，从某种意义上讲，人民币汇改成功转型就是"定力原则"的体现。因为汇率问题不单单是一个经济问题而且还是一个政治问题。汇改涉及利益的重新分配，我国必须坚持"敢于斗争、善于斗争"的原则，即面对国外汇率压迫敢于斗争，坚持汇改以我为主的主动性，不在外力压迫下被动汇改，其次还要斗而不破，不切断与外部沟通交流的正常渠道。

其二，成功的汇率改革一般需要具备以下三方面的宏观条件。

（1）有利的国内外经济周期。一般在弱美元和全球利率走低时汇改更容易获得成功。

（2）一致的宏观政策组合。汇改失败的经济体在改革前往往采取了较为宽松的财政和货币政策（如1997年的菲律宾），而成功的经济体一般采取从严的财政和货币政策（如1991年的以色列），财政纪律有助于维护汇率改革期间的市场信心。

（3）充足的政策缓冲空间。汇率改革失败的国家往往具有较高的货币错配和较少的外汇储备（如1982年的墨西哥）。此外，在资本账户开放程度相对较低时进行改革回旋的空间更大，汇改成功的概率更高。

适宜的宏观条件实质上是汇率改革的时间窗口问题，在适宜的宏观条件下进行汇改可以避免汇改本身被误读。在宏观条件比较差的情况下推行汇改，可能会被市场解读为"政府弹药告罄"而不得不改，会进一步推高社会恐慌情绪，容易把汇改推入进退失据的不利境地。

根据以上教学内容学生完全可以对第三问给出独立且正确的判断。

第四问设计的思路和目的是：根据融入思政元素的教学内容，中国国际收支平衡转为跨境资本流动主导且资本外流由过去的经济基本面主导转为市场情绪主导。只要学生理解和掌握了如上教学内容就可以正确回答此问，即"8.11汇改"尽管是对人民币汇率中间价（central parity rate）定价机制改为市场主导的重大改革，但目前中国的汇率制度依然没有完全市场化，资本账户依然有比较严格的控制，尤其是对短期资本流出控制比较严格。因此，在美联储强加息周期下，中美10年期国债收益率出现倒挂，受此利空市场情绪影响，估计短期资本流出会增加，人民币短期会面临一定的贬值压力，但这种短期资本流出数量一定会受到中国外汇管理当局强力干预。另外，中国经济长期向好的经济基本面并没有发生改变，因此长期人民币汇率不会发生根本性的大幅贬值。

教学创新主要有：事先给学生推送此案例主材料和辅助材料并加以提示重点和解读，其次组织学生线上讨论和互相点评，再次教师对上述讨论进行点评，最后学生们在掌握如上大量信息的基础上完成对上述问题的理解和回答。

四、教学效果

（一）案例开展的意义和价值

案例开展的意义和价值在于通过具体且时效性强的案例教学激发学生强烈的求知兴趣和主动学习的欲望。只有把课本中的理论知识转化为解决现实中实际问题能力的教学方法才会真正激发学生学习的主动性，学生们才认为他们真正掌握和驾驭了相关知识点，从而获得满足感和成就感。

（二）主要成效和特色

本课程人民币汇率问题研究（课程代码：120340220）在上海立信会计

金融学院2021—2022第2学期学生评教中获得了比较好的成绩，学生评教成绩为94.13分。

现摘录部分学生评教评语。

学生A："老师专业性非常强，教授知识不仅仅局限于书本，有更多的延伸，对我们很有启发。"

学生B："上课学习到了许多有关人民币的知识，老师讲课简单易懂、责任心强。"

学生C："老师课讲得非常好，很多知识点经过老师讲解以后就能印象深刻，这门课还培养了我写论文的能力，十分感谢老师！"

学生D："老师责任心强，讲课认真，为人师表，将价值引领融入知识传授和能力培养。"

学生E："焦老师责任心强，讲课认真，重难点突出，有逻辑性。线上有答疑辅导，课上气氛活跃，讲课清晰易懂。"

学生F："我个人对人民币汇率非常感兴趣，所以选修了这门课，焦老师也讲得非常好，非常生动，真的又学到了很多知识，好评！"

……

对口听课的李峰老师点评：焦老师网络教学比较规范，教学资源比较丰富，讲解生动，深入浅出，循序渐进，对作业的讲解也很及时到位。讲解善于理论联系实际，积极启发学生思考和讨论，努力培养学生解决现实问题的能力。

五、启发思考

（一）案例反思

案例教学的关键是围绕案例设计一些问题，这些问题必须要和讲授的课程内容紧密相关，培养学生活学活用知识并用来分析解决现实问题的能力。根据本人教学实践，有如下四点经验总结。

第一，教师必须讲透理论知识。只有把理论知识讲透彻了，学生才会真正理解问题的来龙去脉，才能真正理解任何事物都有两面性，都是在现有条件下多方力量博弈的结果，都是一种权衡，都是一种求解动态最优化的过程。

第二，教师必须跟踪学生的学习反馈。教与学是一个互动的过程，在不断跟踪学生的学习反馈后才能清楚学生的学习进度、学习难点、学习困惑，给出有针对性的解决方案，达到教与学的良性互动。

第三，教师必须激励学生的开拓性思维。现实社会的问题比课堂更多、更复杂，课堂上老师教给学生的知识不可能解决所有现实问题。因此，必须激发学生的开拓性思维，以教师传授的知识为基础，同时跳出这个范围，让学生给出独立的思考和判断。

第四，教师必须鼓励学生间的团队合作精神。人是社会性生物，彼此间的团结合作会产生1+1＞2的协同效应。因此，案例教学需要分组讨论，集思广益，加深对问题的全面理解，给出更客观、更准确、更合理的解决方案。

（二）启发思考题

由于本课程属于上海立信会计金融学院国际视野类全校非金融类专业公共选修课，有个别学生反映该门课程的学习有一定难度。对此，本课程选择的是既通俗易懂又有相当专业性和权威性的教材。需要注意的是，对于个别学习困难的学生需要鼓励他们和老师主动沟通，教师也需要给予他们更多的关注和辅导。

参考文献

[1] 管涛,马昀,夏座蓉,等.汇率的博弈:人民币与大国崛起[M].北京:中信出版社,2018:121-242.

[2] 管涛.汇率的本质[M].北京:中信出版社,2016:77-108.

[3] 缪延亮.从此岸到彼岸:人民币汇率如何实现清洁浮动[M].北京:中国金融出版社,2019:9-42.

[4] 李海涛,林锡.人民币汇率中期贬值趋势形成[EB/OL].[2022-05-07].https://mp.weixin.qq.com/s/－gFnat1umgMv7bO2YRJW_A.

"金融诅咒"的危害以及对上海国际金融中心建设的思考

邹兆敏

本教学案例结合相关经典案例以及金融伦理内容，着重讲解"金融诅咒"现象对实体经济的危害，同时以马克思主义货币理论充实思政教学内容、丰富教学方式，激发和调动学生学习的积极性、主动性、创造性，以达到教学目的与要求。教学围绕"将上海建设成一个怎样的国际金融中心"进行讲授和讨论，同时围绕"如何让国际资本切实有效促进实体经济发展"这一中心议题开展思政教学，运用马克思《资本论》中对商品货币和资本货币的不同定义来探讨"金融诅咒"问题，将金融本位论和目的论有机结合，使思政元素融入课程。

一、教学目标

（一）教学目标

金融学专业为上海立信会计金融学院在建国家级一流本科专业建设点，同时入选教育部第二批虚拟教研室建设试点。国际金融学课程（以下简称"本课程"）作为本学科核心课程之一，其主要培养目的是以"一带一路"倡议和上海国际金融中心建设为重点，以适应金融新业态、新模式发展为需求，旨在培养德智体美劳全面发展，系统掌握国际经济金融基础理论和专业知识，通晓金融行业国际规则和惯例，能在国内外金融机构、政府涉外金融监管部门、跨国公司等工作的高素质应用型国际化人才。本课程围绕外汇与汇率、国际收支、外汇储备三大支柱展开，力求培养学生较强的国际金融职业能力和实操能力，熟悉金融学科发展前沿和行业发展动态，使学生在拥有国际视野的同时，提升金融安全意识，树牢国家总体安全观。

(二) 思政育人目标

1. 设计思路

本课程以习近平新时代中国特色社会主义思想为指导，全面贯彻落实全国教育大会、新时代全国高等学校本科教育工作会议精神，坚持社会主义办学方向，扎根中国大地办大学，以落实好"立德树人"根本任务。在教学实践中，本课程按照2020年教育部颁布的《高等学校课程思政建设指导纲要》要求，从诚信品质、职业伦理、敬业精神、行业初心等方面，将理论知识与思政元素有机结合，在提升学生国际视野和外汇交易技能的同时，着重将金融服务于实体经济和维护国家货币主权两大思政要点贯穿于教学内容。在授课方式上，本课程将一些典型国际事件与国际金融理论结合，引导学生独立思考，以树立起正确的世界观和价值观；同时，还将教导学生正确处理长期社会利益与短期个人利益之间的关系，守住金融伦理底线，成为有益于社会发展的德才兼备的从业者。

2. 思政育人目标

本课程结合专业特点，通过跨学科类比的方式把思政内容与专业知识相互融合，从专业、行业、国家等维度，强化学生的使命担当，培养学生树立起正确的世界观，并能够正确处理利益诱惑与职业道德之间的冲突，守住道德底线，做德才兼备的优秀人才。

3. 育人主题

本课程的核心思政元素就是唤起金融服务实体经济的"初心"，纠正对金融业发展中所存在的"有钱好办事"的片面理解。长期以来，国内外研究对中国金融改革开放的关注点放在如何提高金融服务实体经济的效率方面。西方的自由主义经济学派秉持了金融发展本位主义，强调市场力量会自我调节，最终实现金融和实体经济均衡发展。但是从马克思主义辩证唯物以主义视角看，金融与实体经济是对立统一的关系，既相互依存又相互排斥，既竞争又合作。若金融发展过度，成为矛盾的主要方面，金融体系对实体经济便具有攫取性即对实体经济会形成明显的负

下篇 实践

外部性；若不存在金融发展过度，则金融与实体经济是共容的，金融则不对实体经济产生负外部性，至少无明显的负外部性。因此，在课程思政育人主题上，本课程着重围绕党中央提出的如何让金融服务于实体经济这一主题，对学生进行思想政治方面的引导和教育。针对我国当前系统金融性风险日益严重的现实问题，本课程聚焦建设国际金融中心如何最终服务于我国实体经济发展这个中心议题，将金融本位论和目的论有机结合起来。

二、教学实施

在本课程的第四章（外汇市场）和第七章（国际资本流动）中，均有关于国际金融中心的建设和发展的相关内容，我们将围绕"将上海建设成一个怎样的国际金融中心"这一问题进行讲授和讨论，围绕"如何让国际资本切实有效促进实体经济发展"这一中心议题开展思政教学，运用马克思《资本论》中关于商品货币和资本货币的不同定义来探讨"金融诅咒"问题，将"金融促进实体经济发展"和"金融诅咒"这两个知识点作一正一反对比讲解，树立正确使用金融资源、维护国家货币主权两大重要观念，使思政元素贯穿于课程知识点的讲解之中。当前，中国金融体系的发展状态并不均衡。西方自由主义经济学派秉持了金融中心主义，强调金融和实体经济是相互合作，互为表里。金融发展不足，实体经济将陷入融资困境，无法有效扩大投资和生产规模；但是如果金融发展过快，市场过热且资产价格有明显泡沫迹象，那么毫无疑问金融体系对实体经济产生明显的负外部性。但从行业报酬体系来看，金融业的整体资本回报率和平均收入水平都很高，这就会吸引技术、资本（其中包括人力资本）等创新性生产要素向该行业聚集，从而让实体经济处于被边缘化的尴尬地位。这样就会出现金融业的高收益与实体经济融资成本高并存的现象，也就是我们在美国铁锈带常看到的"脱实向虚"的恶果。这种带有明显"金融诅咒"特色的去工业化现象在许多发达国家都很常见。其极端情况是金融产业越庞大，实体经济越凋敝。其原因主要是金融过度发展导致社会资源向金融业倾斜，使实体经济难以得到其亟须的各类资源，最终不可避免地消亡殆尽。因此，发展金融业的过程中，尤其要关注该行业对实体经济的实际贡献。当然，我们也要保证金融部门在支持实体经济产业转型和升级中获得应有的回报，而不是凭着所谓社会责任来支持实体，要使金融企业有动力推动金融创新，而不是以牺牲金融企业利益为代价来支持实体经济。

因此，上海在建设国际金融中心过程中，必须要讲金融的"初心"，即支持实体经济。上述初心单靠市场机制是不能实现的，必须通过政策杠杆来调控，使金融部门在支持实体转型中获得应有的回报，而不是仅凭社会责任来支持实体。要使金融企业有动力推动金融创新，而不是以牺牲金融企业利益为代价来支持实体经济。

以此"初心"为出发点，我们将金融诅咒和金融与实体经济的关系做了相应的分析，具体的课程思政教学案例设计见表1。

表 1　课程思政教学案例设计

案例主题：国际金融中心建设的思考
本次教学知识点："金融诅咒"，金融与实体经济的联系
授课对象：金融专业
教学时间：45 分钟（30 分钟讲授 + 15 分钟讨论）
教学目标：理解"金融诅咒"的定义和影响，并认识其巨大的危害 教学重点：说明"金融诅咒"的机理 教学难点：树立正确的金融资源配置观念——发展金融是为了服务实体经济
学情分析： 金融系专业学生已经完成金融学课程的学习，对金融行业和机构有一定的认识。本课程希望通过跨学科和生活化的举例方式，以更直观的方式让学生理解"金融诅咒"的机理，并认识其巨大的危害
主要教学方法：讲授（理论）、应用讨论（应用于真实情况）
教学流程设计
教案节点 1. 引入一个电视剧的画面，回顾已经学过的金融伦理 "面前的两条金条，哪一条是高尚的，哪一条是龌龊的？"

(续表)

教案节点 2. 导入伦敦国际金融中心的案例，为之后的"金融诅咒"概念作铺垫 通过案例，以更通俗的方式让学生思考过度金融化的后果
教案节点 3. 解释"金融诅咒"是实体经济过度金融化的一种现象，即某个产业过度金融化导致其原本功能退化，继而威胁整个实体经济 通过房地产行业和足球行业两个案例，以更直观的方式让学生理解"金融诅咒"的机理和后果
教案节点 4. 《资本论》中关于商品货币和资本货币的区别 讲解马克思主义对资本过度增值的认识
案例教学总结： 如何让国际金融中心建设最终服务于我国实体经济发展？ 如何正确使用金融资源？ 认同社会主义核心价值观，增强对中国共产党"初心使命"的认识 要求学生思考并讨论上海国际金融中心建设的意义，思考和讨论金融业的初心何在？
课后扩展阅读和作业： 《美国真相》，约瑟夫·斯蒂格利茨 著；《子夜》，茅盾 著 认识西方金融资本主义内生性缺陷和中国民族资本主义兴衰史 课程论文一篇：论"金融诅咒"的危害性

三、教学效果

（一）案例开展的意义和价值

本课程的授课对象颇为金融专业学生，其正处于世界观、人生观、价值观形成的关键期，即将面临择业就业的挑战，而他们即将从事的金融行业是一个诱惑很多、鱼龙混杂的行业。为了完成既定的课程思政教学目标，引导学生正确处理利益诱惑与职业道德之间的冲突，课程教学应摒弃传统的说教方式，通过跨学科和生活化的类比，选择贴近生活和具有行业特色的教学案例进行讲授。只有马克思主义政治经济学才能纠正许多人只问利益不问缘由、一味"向钱看"的错误价值观。因此，该种以职业操守为导向、以从业规范为框架的课程思政教学模式不仅对纠正"唯技术"和"唯收益论"的狭隘金融伦理观具有非常显著的作用，也值得其他应用型本科院校的实务类教学课程借鉴，具备相当强的推广价值。

（二）主要成效和特色

在本课程思政教学设计中，我们力求通过跨学科和生活化的举例方式，以更直观的方式让学生理解"金融诅咒"的机理，并认识其巨大的危害，提升课堂思政的教学效果。对授课对象，即金融专业学生而言，金融业的繁荣发展意味着就业岗位的增加和收入的增加。但是，如果资本过度泛滥导致金融市场虚假繁荣，将最终导致"我花（金融）开后百花（实业）杀"的窘境。这样深入的思考有助于增加学生的价值认同，引导学生在未来的择业、受业、从业中学以致用，正确使用金融资源。我们对教学内容和方法也做了相应的创新，采用课堂讨论＋课程论文＋课外阅读三者结合的方式进行课程思政教学考核，同时辅以对应的综合方式进行考核与评价，即将讨论计入课堂表现，课外阅读的读后感融入课程论文，而课程论文计入课外作业成绩，从而实现对学生学习效果由点到面、由局部到整体的综合考核。

四、启发思考

（一）案例反思

本课程思政建设面对的学生群体专业有一定局限性，案例选择上有一定的地域性，而学科本身又具有国际视野，这三者叠加后对课程思政难免产生不利影响，因此在教学过程中要注意学生背景的特殊性，强调特殊案例的普遍适应性。其次，由于课程牵涉的知识点较多，又有一定的跨学科广度，对规定时间内的教学强度有一定要求，教师在讲授过程中需要抓住重点，避免学生思维过度发散而影响教学效果。在课程效果评价和考核方式上，由于个人的世界观、人生观和价值观的建立并非一朝一夕之事，只有观察毕业后该群体的职业生涯变化发展，才能真正得出有用的课程思政教学效果评价，而这一点需要通过不定期回访的方式来实现。这对校企联动提出了新的要求，促使我们摒弃过去"毕业后不管"的陈旧教学观念，建立一套新的学生职业生涯发展调查体系来完善课程思政体系，让更多具备现实意义的思政案例充实和丰富国际金融学课程教学。

（二）启发思考题

结合图1和图2，要求学生思考金融发展和实体经济发展的相互关系。

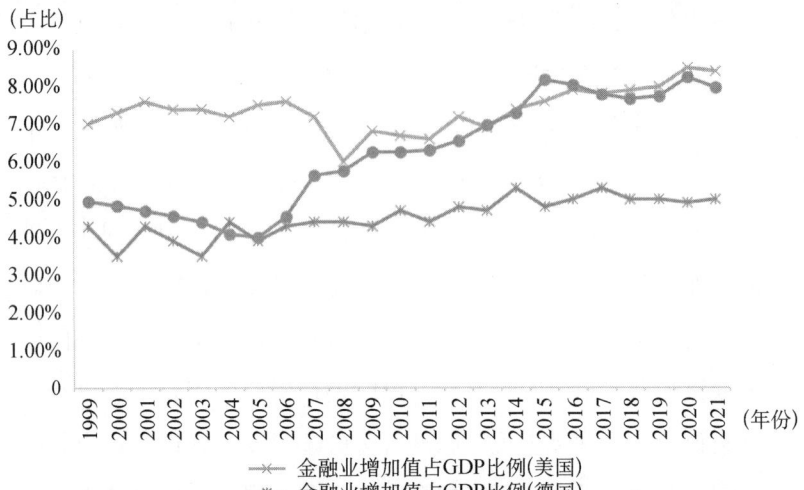

图1　金融业增加值占GDP比重

资料来源：WIND，中国国家统计局，欧盟统计局，2022年。

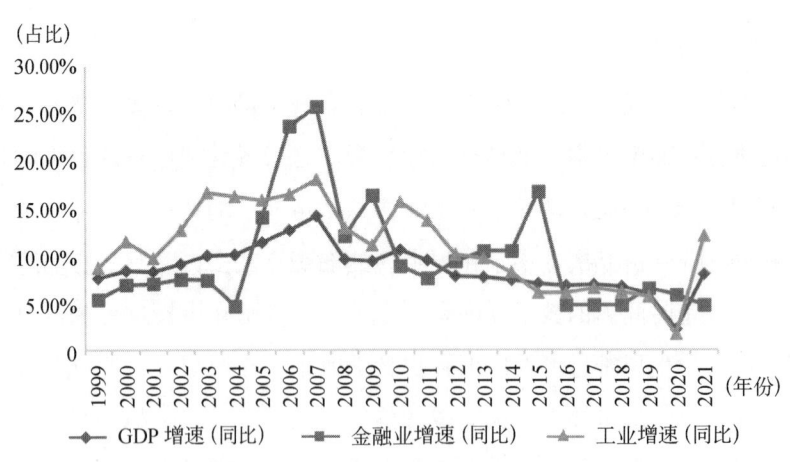

图2　我国GDP增速，金融业增速和工业增速比较

资料来源：WIND，中国国家统计局，2022年。

中国金融业增加值占GDP的比重在2015年达到8.2%的历史高点。这个比重甚至超过了美国和德国等发达国家，也远高于新兴市场国家。金融业增加值占 GDP 的比重高，某种程度上也反映了我国金融业正侵蚀着实体经济的利益。

2016 年下半年国家金融监管政策开始收紧，推出去杠杆与 MPA 考核；2017 年监管加码；2018 年上半年资管新规正式出炉。金融业增加值占 GDP 比重逐年下行（图 1），2016—2018 年金融业增加值占 GDP 的比重分别为 8.22%、7.97%、7.68%，而 2020 年的增速为 7%，这说明实业资本流向金融资本的风险依然存在。

此次作业让学生思考上海究竟要成为什么样的国际金融中心。对金融专业学生而言，金融业的繁荣发展意味着就业岗位的增加，同时会让他们更倾向于选择金融相关行业就业。但是与此同时，许多企业家和金融从业人员也更愿意从事金融交易致富，而不愿意踏踏实实做实业，而这恰恰与我国金融业发展的初衷相违背，以上价值观需要我们在教学中加以纠正。

参考文献

[1] 岳华,张海军.金融发展、资源诅咒与经济增长[J].华东师范大学学报(哲学社会科版),2019,51(6):138-150,179.

[2] 王晓青,许成安."课程思政"的教学理念、元素挖掘与实践路径:以西方经济学课程为例[J].湖北经济学院学报(人文社会科学版),2021,18(10):139-142.

[3] 张静,滕跃民.高校"财经法规与会计职业道德"课程思政教学的方法与实践[J].科教导刊,2021(8):130-132.

[4] 李艳芳,陶劲,周丽娟,等.新时代背景下高职院校经管类专业课程思政研究[J].北京农业职业学院学报,2022,36(5):5-11.

[5] 冯登艳,高中良.普通高校"金融学"课程思政元素的挖掘与融合[J].华北水利水电大学学报(社会科学版),2022,38(5):48-52.

新时代背景下思政课程与就业指导相融合的教学实践探索

杨婷婷

金融伦理与职业道德课程开展课程思政过程既保留了传统教育精髓,又将学业知识、技能、价值观教育与思想政治教育有机结合,达到"润物细无声"的效果,使学生在掌握专业能力的同时,深化对国家认同感,对未来应承担的责任有更清晰的认识,从而提高就业意识,并积极推进职业规划。

一、教学目标

紧紧围绕"诚信品质、职业道德、责任意识、敬业精神、社会责任"等方面,将大学生专业知识和思想政治教育有机融合。通过课程思政融入教学,引导学生了解和践行习近平新时代中国特色社会主义思想,厚植爱国情怀和人文精神,培育职业理想信念,树立社会责任感。

二、思政育人目标

(一)设计思路

采用教学设计、案例、讨论、校企融合等方式进行课程思政元素的挖掘,通过显性与隐性渗透、建设性启发教学,将专业知识与思政元素融合。具体内容见表1。

表 1　金融伦理与职业道德的思政教学部分内容设计

教学知识点	课堂互动	课程思政亮点
金融伦理	结合大学生日常生活实际、社会热点进行课堂讨论	结合《中国伦理学》内容，梳理中国伦理学历史，讨论人类社会中存在的伦理观，课程增强学生对中国传统伦理道德观的认知和理解。引入社会热点，让学生进一步了解金融伦理内涵，以做一个符合伦理道德规范要求的"金融人"
企业社会责任	通过正反面案例分析，引导学生进行课上思考、课后作业反馈	结合专业背景引导学生将小我融入大我，将国家、社会、公民的价值要求融合为一体，并启发学生思考如何将以上责任意识落实在实际行动中
生态金融	从生态金融的角度，谈谈对美丽中国的认识	通过研究习近平总书记关于生态文明建设的重要论述，增强忧患意识。树立起大力发展绿色金融的思想，深入理解满足人民对"生活条件更加舒适，环境更加优美"的意义
金融危机	探究金融危机中的伦理判断	运用马克思主义唯物史观对西方经济伦理思想中的准确性和谬误观点进行批判，引导学生正确鉴别经济伦理思想
金融监管	与时政相结合，熟悉监管有效性和监管腐败	学习十九届中央纪委四次全会关于"坚决查处各种风险背后的腐败问题，深化金融领域反腐败工作"的相关内容，一起探讨金融领域反腐败斗争形势，从而深刻理解金融监管的必要性
金融行业从业人员的道德规范	校企合作，让企业走进课堂	加强校企合作为核心的实践课培训平台建设，让行业专家进课堂，对学生进行现场指导、开展案例分享，从而实现校企合作促就业的"协同效应"

（二）设计目标

通过课程思想政治教育，引导学生了解和践行习近平新时代中国特色社会主义思想，厚植爱国情怀和人文精神，培养职业理想信念，树立社会责任感。

（三）育人主题

职业理想信念、社会责任感。

三、教学实施

现阶段高校毕业生中"慢就业""怕就业"的现象越来越严重，不仅阻断了学生自我发展的机会，也给国家就业带来了压力。近年来，毕业生中未就业人数逐年上升，其中相当一部分学生存在"怕困难"和"逃避"的心理。高校是大学生接触社会、了解社会的窗口和平台，如何给大学生上好"踏入社会"这门课是高校开展思政育人的重要任务，也是提高大学生就业意识的主要途径。课程思政可以提升学生对国家的认同感。如今网络世界中存在着各种各样的诱惑，大学生容易受到一些不良思想的影响。课程思想政治教育可引导学生了解和践行习近平新时代中国特色社会主义思想，培养爱国主义和人文精神，树立社会责任感和职业理想信念。

（一）思政教育理念

1. 深化专业知识，树立职业理想信念

课程思政可以融入现实情况，激发学生的学习兴趣；可以引导学生运用所学专业知识思考、分析和解决现实问题；可以提升学生对国家的认同感，坚定理想信念。

2."隐性教育"达到"润物细无声"的效果

课程思政通过隐性的教授方式将思政因素融合到日常教学中，达到"润物细无声"的效果，因此相比传统的思政教学更容易被学生接受和喜爱。新时代下，"课程思政"是高校坚持社会主义办学方向，落实立德树人根本任务的关键举措，是高校人才培养理念和方式的重大创新。课程思政是将思想政治教育贯穿于教育教学过程，既融入校园生活，又融入教学课堂，可潜移默化地提升学生的内在修养。

（二）思政融合教育、创新

1. 案例教学，内化"认同感"

课程思政不同于传统的思想政治课程，有效的课程思政能使理论更深入人心、专业知识具有"时代感"。案例教学可以将专业领域的时事焦点、国际重大事件与国内外形势结合，从而加深同学们对所学专业价值的理解。例如，通过美国雷曼兄弟金融案例、银行风险监控失败案例，引导学生思考国家危机产生的原因和可能造成的危害，从而提高学生的风险防范意识。结合中国政府有效应对"亚洲金融危机"的案例分析，引导学生深刻体会我国的大国风范和责任担当。只有深入了解历史，才能提高认识，进而不断地内化学生的"认同感"，加深学生对未来人生的思考和个人职业发展的规划。

2. 进行模拟训练，培养"责任感"

课程可鼓励学生组团进行模拟作业，组队成立"企业"进行社会责任项目的设计开发。同学们通过实际参与项目的设计和实施，在不知不觉中强化"责任人"的担当意识。此外，课程通过比较和探讨不同国家在预防和控制重大公共卫生事件方面的表现，理解什么是"中国精神""中国担当"。促使学生厚植爱国主义情怀，主动投身于社会主义现代化建设。

3. 校企合作，树立"职业观"

构建"校企同心、协同育人"的培养模式，解决思想政治工作的"孤岛现象"，发挥产学研基地各种资源育人功能，实现育人"协同效应"。课程鼓励行业教师参与课堂，与学生分享最新的行业信息，通过讨论职业生涯规划课题和分享行业优秀案例，让学生充分体会到学科知识的魅力，明确个人职业规划，为未来发展做全面准备。如"职业道德"一章邀请校企合作金融机构专家为学生讲解如何成为"内外兼修"的金融人，通过与行业专家的共享与互动，引发学生关注并思考未来职业规划，从而树立正确的"职业观"。

四、教学效果

（一）案例开展的意义和价值

不同形式的思政方式和不断创新改进的教授方法，不仅使学生接受并喜欢课程思政教学，还可以引导学生运用所学专业知识思考、分析、解决问题，潜移默化地提升学生对国家的认同感。

（二）主要成效和特色

课程思政教学的改革和创新，能提高教师主体的育人意识和育人能力，同时也能提高学生的思想素养和主体意识。教师思政和学生思政的"双轮驱动"，可实现教育和自我教育，推动思想政治教育质量的提高和成效的增强。

在学生评价教育中，可以看到学生们对思政融合教育形式的接受和褒扬，达到了学习过程中"教"和"学"的共鸣，间接提升了他们对专业学习和就业发展的兴趣。比如在"社会责任"一章，课程鼓励学生组团进行模拟作业，成立"企业"，进行社会责任项目设计。通过实践，同学们对社会责任有了更深入的了解。

每一章节的课程思政设计过程，也是如何科学地将教学知识点与行业现实相结合的思考过程，这一过程既要引起学生的关注，也要使学生进一步理解所学专业的意义所在，从而树立正确的"职业观"。

通过期末的评教反馈，可以看到学生对课程思政的肯定。同学们的认同，也鼓励思政教师不断提高课程思政业务水平。同时，课程应切实落实课程标准，优化教学效果，不断更新教育观念，改进教学方式，将新课程理念融入教学研究。

五、启发思考

（一）案例反思

教师通过课程思政教学开展，形成以下总结反思。

1. 保持创新力

书本内容的更新速度远远不及时代潮流的变化，今天课内学习的知识可能明天就会被新的知识所迭代，所以教师要与时俱进，不断学习新知识，保持创新力，用最新素材创设情境、启发思维，唤起学生的学习热情和探索愿望。

2. 统一"注入"与"启发"

新时代思政课要不断推进"注入"与"启发"相统一。在以往教学中灌输部分存在的"空白"需要用启发来填补，使学生主体主动参与课堂教学。启发"路径"需要灌输建构，教师是课堂的主导力量，为了提升学生的课堂参与度，提高教学成效，需要教师在"注入"和"启发"中不断找平衡，加快授课内容和现实融合，提升学生的学习兴趣。

3. 开放式教育

思想政治开放教育是一种新的教育理念，即通过设计新颖的问题和有趣的教学场景，学生能够摆脱习惯性认识和知识的束缚。如教师在教学过程中潜移默化地引导学生对于学习、生活和社会热点现象的反思讨论和模拟实操，从而进一步引导学生将自身融入课堂，引发其对未来发展的思考；再比如通过翻转课堂模式，让学生成为课堂的主导者，更深入理解专业知识。

（二）启发思考题

教师要不断探索未来职业教育方向，实现"课程思政"+"产教融合"协同培养模式，如通过校企相互融合共建、人才培养主体之间的合作创新以及"企业文化"教育，促进学校从供给导向向需求导向转变。推进"课程思政"+"产教融合"同步建设，可以通过学校课堂教学内容与产业经济需求的有机联系来实现，进一步深化协同培养者合作机制和模式改革，构建多元化的人才培养模式。

参考文献

[1] 陈飞.诵读经典在思政课中的应用探索[J].山西青年，2019,15(1):10-11.

[2] 帅磊.高校网络舆情视角下大学生意识形态安全教育研究[D].天津:天津工业大学,2019.

[3] 黄建诗.慕课在高校思想政治理论课运用中的影响和对策研究[D].重庆:重庆大学,2018.

[4] 侯秀连.谈谈思想政治课教学的开放性[J].中学课程辅导(教学研究),2017(28):86.

职业规划与就业指导课助力学生探寻人生价值

陈 昱

职业规划与就业指导课是面向全体本科生开设的通识必修课程。该课程的主要任务是通过职业规划与就业指导等教学活动，使学生树立职业规划概念，逐步形成正确的就业观、成才观和职业价值观；同时指导学生了解本专业的行业需求与职业能力要求，熟悉职业发展现状与前景，合理制定职业规划；帮助学生提升就业成功率，实现个人与职业生涯的和谐健康发展。

自我探索章节是整个职业规划课程中较为重要的一部分，包含了对大学生就业观的澄清和引导，因此将该章节单独进行案例分析具有重要意义。该章节围绕"兴趣探索""性格探索""技能探索""价值观探索"等内容，通过概念解析、实践应用、案例启发等环节，帮助大学生在完成自我认知的基础上做初步的职业定向。

本课程的思政教学目标是：使学生深刻理解个人成长与服务社会的密切联系，引导学生形成合理的职业理想信念并落实到就业行动中。教师将积极就业观、诚信就业观、爱岗敬业等职业品质融入课堂的讲授，运用互动课堂和案例教学构建沉浸式学习体验，激发学生的内在驱动力，从而完成思想道德素质的提升和求职能力的全面发展。

一、教学目标

教育部2022年工作要点中指出"促进高校毕业生更加充分更高质量就业……建立健全就业育人支持体系，强化就业指导服务，打造一批就业指导名师、创设就业指导金课以及开发优秀教材"。职业规划课作为高校通识性课程,将进一步聚焦高校学生就业过程中碰到的难点和痛点,对学生开展有针对性的指导,从而促进学生高质量充分就业。

随着我国经济结构的调整,新旧行业迭代过程中企业对人才的需求也在改变,大学生的就业预期和实际情况也在不断地发生冲突,进而引发结构性失业、慢就业等情况。从调研来看,大学生的就业困难一方面来自外在因素的影响,如宏观经济发展情况、产业兴衰等;另一方面来自个体对于就业的主观认知程度。合理的求职认知能够使学生顺利地从校园走向社会。

课程的教学目标是帮助学生掌握全面认知自身特点和发掘自身能力的方法,并将爱岗敬业、诚信就业、积极就业观等思政要点贯穿于整个教学过程中。课程需要掌握的理论有霍兰德类型论、生涯匹配理论、生涯发展理论,需要掌握的工具有霍兰德六边形、MBTI、职业能力分类法和职业价值观分类卡。

二、思政育人目标

(一)设计思路

思想政治教育学研究的领域是思想观念、政治观点、道德品质的形成、变化和发展过程,因此把这一学科领域的知识和方法运用到职业规划课中可以帮助学生调整认知,从而增进教育教学的效果。

教师围绕课程核心内容即认知自我的方法、认知自我与职业规划的关系以及如何突破自我认知,将"思政元素"嵌入教学体系设计,以讲授理论、案例分析、社会实践等教学方式,激发学生的学习兴趣,培养学生的家国情怀及对社会主义核心价值观的理解,增强自我认同感、职业使命感,彰显社会主流价值观,实现"课程思政"与"思政课程"的有机融合。

(二)设计目标

课程将帮助学生将社会主义思想道德观念、社会主义核心价值观内化于心、外化于行,实现大学生全面发展,引导学生更加清晰地认识社会发展的方向，了解职业需求的社会属性，发挥好课程思政润物细无声的育人作用。

（三）育人主题

积极就业观、诚信就业观、爱岗敬业。

三、教学实施

本课程的核心知识点是职业兴趣、职业性格、价值观、职业技能，教案设计将围绕以上四个部分开展。

（一）探索职业兴趣的方法及其意义

教学内容： 兴趣是人生幸福感的来源，如何探索兴趣、兴趣与职业生涯发展的关系，如何看待兴趣与职业的分化问题。

教学方法： 课程从人的全面发展概念引入兴趣的概念。人的全面发展是"以人为本"的发展观的体现。人的全面发展包括人的活动、社会关系、素质、个性以及全面发展五重境界。通过兴趣岛屿游戏引导学生探索自身内在特质，从人、事、创新、规则4个角度挖掘自己的兴趣方向，思考个人兴趣和未来职业的关联点。同时还要引导学生拓展兴趣范围，从职业兴趣的角度看待个人成长和发展，指出个人兴趣和职业环境之间的适配将增加个人的工作满意度、职业稳定性和职业成就感。

课程通过开展实践活动，运用生涯访谈法深化学习成果，要求学生至少采访一名职业人士，并运用霍兰德职业分类法对被采访人的生涯选择、生涯定向过程进行分析，进而形成兴趣与职业之间关系的认知。

案例启发： 课程通过"万能"科学家、博爱教育家——钱伟长弃文从理报效祖国的案例，向学生提问"一个人的职业兴趣是自始至终一成不变的吗？"从而引发学生对自我认知的重新思考。当前不少学生在学习中经常出现"畏难情绪"，比如文科生学不好数学、理科生学不好英语等，这些都是思想固化的表现，如果个体不能突破束缚，那么也将不可能实现全面发展。找到内驱力，实现个体潜能的激发是本模块的重点内容，在教学设计中可以使用实践锻炼法、朋辈教育法、咨询辅导法对学生进行潜力的激发。

教学创新：教师把课堂的主动权交给学生，在学生参与课堂实践的过程中，引导其发掘自我潜在能力，激发积极就业观同时通过引用名人案例，激发学生家国情怀。

（二）探索职业性格的方法及其意义

教学内容：性格的多重性、性格与职业的关系。

性格是一个人在生活中对他人、对事、对自己、对外在环境所变现出来的一致性因应方式。课程将教授学生运用 MBTI 工具探索个人性格倾向，拓展职业性格认知在职场中的作用，善用性格代码，做到扬长避短。

教学方法：围绕 MBTI 人格理论的历史发展、理论核心、实践意义开展课堂讲授、多媒体展示、分组讨论活动。课堂将重点介绍 E（外倾）－I（内情）、S（感觉）－N（直觉）、T（思考）－F（情感）、P（判断）－J（直觉）指标之间的区别和联系，通过讨论和举例加深学生的记忆和理解。同时运用多媒体手段，选取适合年轻人审美的短视频诠释性格之间的差别。在分组讨论中，运用"乔哈里之窗"的技术，让学生相互进行性格简评，从自我和他人的角度去认知性格特点，达到对理论知识的熟练运用。

案例启发：通过"上海立信会计金融学院创始人——潘序伦""保险业的红色基因——程恩树"的故事来启发学生思考性格、人格、职业性格之间的区别和联系。提出思考问题：一个人的性格在其学习和工作中起到了什么样的作用？如何克服个人性格缺点？

教学创新：课程把职业规划课与上海立信会计金融学院会计和金融专业特色结合，引入本土会计金融发展史、红色金融故事等内容，使课程更接地气。课程中融入红色故事符合高校为党育人、为国育才的初心，教学案例也能够对大学生起到引导示范作用。

（三）探索价值观的方法及其意义

教学内容：价值观的定义、职业价值观的定义、如何使用价值测试工具。

教学方法：价值观在人们的生涯发展中往往起到极其重要的作用。分

下篇　实践

析影响价值观的因素，如社会、家庭、学校、个人等。引导大学生树立正确的价值观，处理好职业价值观与金钱、个人兴趣、个人特长、社会等因素的关系。

大学生正处在价值观形成的关键时刻，价值观决定了人对未来的选择方向，如果价值观扭曲，未来的发展很有可能步入歧途。课程通过将理论教授与课堂实践结合，运用生涯幻游、职业锚、施恩价值观测试等工具，帮助学生探索自身的价值观以及职业价值观。从对价值观的探索出发，引导学生思考如何树立正确的世界观、人生观和价值观。

问题启发：启发学生回顾以往生活中所做出的重大决策，以及做决策之前围绕这一事件所产生的不同意见（父母、师长、朋友或其他人）。想一想在这些意见的背后，是否体现着不同的价值观，试着把这些价值观写下来。

案例启发：课程引入"原油宝""包商银行""安达信"等会计金融行业案例，通过换位思考方式，启发学生分别以从业者、管理者、投资人角度谈谈对价值观、责任意识、底线意识的认识。

教学创新：当代大学生自我意识强烈，重视自身需求，因此加大价值观层面的引导、情怀培养在课程教学环节中尤为重要。激发学生的内驱力能够更好地提升课程的教学效果。因此，课程通过案例教学，增强学生对职业市场的感知性和现实感，激发学生对未来职业世界的好奇心，增强对未来面对挑战、困难、诱惑时应具备的价值判断能力。

（四）探索职业技能的方法及其意义

教学内容：本节的重点在于激励学生不仅要"低头看路"，还要"抬头看天"，以更多元的眼光来看待自身的职业发展路径。

教学方法：运用理论教授、多媒体展示、课外实践、案例分析等方式，提升学生对自身现有能力和潜在能力的认知。从多元智力论角度来看，人的能力是多元的，不能用单一标准去衡量每一个人的能力。从技术分类角度，可将能力分为知识技能、自我管理能力、可迁移能力。从当前职业市场来看，学生重知识技能，轻自我管理和可迁移能力，但是在企业招聘过程中恰恰重视后两者，请同学们对上述问题进行思考。

案例分析：利用朋辈教育起到的示范性作用，引入学长的职业发展案例，启发大学生思考。

教学创新：课堂围绕就业市场上存在的矛盾展开，引导学生思考问题背后的原因，从而促进其发展求职能力。

四、教学效果

（一）案例开展的意义和价值

职业生涯与就业指导课对于助力学生成长成才、实现高校人才培养目标以及实施人才强国战略有着重要的现实意义。在落实立德树人的根本任务下，高校应做好该课程的思政设计，将老一辈金融工作者面对困难不屈不挠的精神、当代金融会计从业者开拓进取锐意创新的斗志、新时代大学生心中的家国情怀和自我价值实现的诉求融入职业课程。课程兼顾思想教育性和生动趣味性，在吸引大学生聆听的同时促进其积极思考，将其转化为大学生的内驱力和行动力，从而让他们加入建成社会主义现代化强国的队伍。

（二）主要成效和特色

课程形式新颖。课程在理论讲授基础之上辅以案例分析、课堂讨论、课外实训，能够充分调动学生的积极主动性，同时，本课程在2021—2022年第二学期学生评教成绩高达96.11分。

课程设计内容丰富，层次渐进。课程内容涉及领域广泛，能够把职业规划理论、金融会计行业发展现状、思想政治教育理念、实践教学手段等多学科知识很好地融入一门课，对更好地开展"新文科"背景下职业类课程思政工作做出了积极和有效的探索。

五、启发思考

（一）案例反思

职业生涯和就业指导课是学生从校园走向社会的启蒙课程，它从认知、情感、技能三个方面串联学生的生活、学习、社会实践，但是在实际操作中本课要满足以上要求的挑战很大，主要体现在三个方面。

第一，课程设置总量不足。职业规划课涵盖的理论和实践知识十分丰富，现有课时量仅有16学时且分配在两个学期完成，课程完成量和连贯性不能得到保证。

第二，本课程作为必修课，在知识体系构建上注重通识性，缺少针对性。上海立信会计金融学院是应用型财经类高校，学生就业方向比较集中，因此有必要将行业知识嵌入课程体系，但是由于该课程为非专业类课程，教研力量薄弱，课程体系尚不完善。

第三，职业价值观体系构建不成熟。引导学生树立正确的就业价值观是高校育人的职责所在，然而目前高校对学生就业问题的关注多局限于就业率、专业相关度，缺乏对价值观的引导，又因就业价值观没有绝对的定义，在课程授课中难以具体化，因此要进一步探索找对生涯课程和思想政治教育之间的关联点，完善就业价值观教育的引导。

（二）启发思考题

从兴趣、性格、价值、技能四个方面思考如何激发自身内驱力。

参考文献

[1] 刘雅楠,魏红梅,宋卫信,等."课程思政"理念下大学生职业生涯规划与就业指导课程教学体系优化初探[J].就业与保障,2022(4):45-48.

[2] 候晶雅.生命价值与大学生思想政治教育[D].南京:南京师范大学硕士论文,2011.

[3] 钟谷兰,杨开.大学生职业生涯发展与规划[M].上海:华东师范大学出版社,2008:11-74.

[4] 刘合新.课程思政理念下大学生职业生涯规划教育路径探索[J].西华师范大学报(哲学社会科学版),2020(5):120-123.

"修业必先修德"
——浅谈金融行业的伦理道德规范

谭 璐　张建利

金融伦理与职业道德是金融学专业课程内容的重要组成部分。金融伦理与职业道德在金融业高速发展，并不断出现动荡的情况下，其作为金融交易中应遵循的道德准则和行为规范，应得到所有金融从业者们的关注。作为金融专业学生，只有恪守职业道德，才能避免触碰道德底线。本课程从认识伦理与道德的内涵与特征入手，进一步延伸至金融伦理与职业道德的概念，通过案例引入，以及对金融伦理与职业道德历史沿革、特征等内容的介绍，让学生能够更加深刻认识到金融从业者遵守伦理道德规范的重要性。

一、教学目标

围绕金融伦理与职业道德概述主题内容，将思政元素融入专业课理论介绍、案例分析等内容。教学内容方面，首先介绍基本概念，带领同学们认识伦理与职业道德的内涵与特征，让同学们明白金融伦理道德教育的重要作用。思政元素选取方面，除了基本的职业道德方面的内容，还应注重融入家国情怀、诚信品德、社会责任等内容，引导学生培养专业思维与国际视野，与课程内容交相呼应，让学生在不知不觉中提升综合素养，树立正确价值观。

二、思政育人目标

（一）设计思路

1. 做好顶层设计，明确思政目的

在进行学期课程内容设计时，有意识地将课程思政元素嵌入日常教学过程，做好金融伦理典型案例的收集工作，并整理出每个案例涉及的思政要素，以情景分析、启发学生思辨为主要形式，以提升学生实践能力为目标。

2. 聚焦学科特色，明确教学重点

金融活动既有较强的专业特色，也有较强的伦理特色。作为一种资金融通活动，金融活动对信用有着极高的要求，伦理规范也是应该遵循的重要准则。因此，此次课程的教学重点应为解读案例中的伦理道德因素，阐述对学习金融伦理和职业道德的现实意义。

3. 创新教学方式，注重隐性教育与显性教育相结合

在提升教学理念的同时，不断创新教学方式。课程在育人过程中应注意避免过于刻意，而是应该真实准确全面地把问题讲清楚，将育人理念融汇于过程之中，同时也应努力激发学生课堂参与的热情，通过设置讨论案例分析作业，让学生通过思考加深理解。

（二）思政要点

金融市场主体投资活动多以追求利益最大化为目的，这就使得很多金融从业者很容易失去理性判断。因此，在开展课程授课时，公平问题、诚信问题、社会责任问题、价值取向问题等都是课程需要重点关注的思政要点。课程通过金融案例分析，明确金融行业价值追求，帮助学生更好地树立正确的金融伦理观和职业目标。此外，课程还要通过生动的案例，加强学生们对传统伦理道德概念的认识，不断强化学生的家国情怀和使命担当。

三、教学实施

（一）教学理念

经过认真分析、调研和设计，课程设计主要包含以下三个部分：一是对伦理和职业道德相关概念进行介绍。本部分通过对比中外古文及辞典中对"伦理"概念的阐述，明确"伦理"概念是如何发展形成的，也让学生认识到"伦理"在日常生活中以及在金融行业中对规范自身行为的重要性。"职业道德"是所有从业人员在职业活动中应该遵循的行为准则，它包含了爱岗敬业、诚实守信、奉献社会等多个方面，也是社会道德体系的重要组成部分。二是讲好伦理故事，整理金融行业发展中的重大伦理事件，从伦理道德、法律层面进行分析，更好地提取出每个事件中的思政教育元素。三是聚焦对金融机构、金融从业者等的伦理分析，结合思政内容，进一步延伸至对人的伦理道德和价值观的探讨，更好地丰富课程内容。

（二）课程思政融入的教学内容

通过案例分析展现课程思政内容，因此案例的选择尤为关键。

1. 课程引入（重点结合"诚实守信""社会责任"等思政元素）

2001年年末，拥有498亿美元资产，在世界500强中名列前茅的美国能源巨头安然公司正式宣布申请破产程序，这也创下了美国历史上最大宗公司破产案的纪录。安然公司从鼎盛走到破败是其长期以虚假手段高估资产、隐瞒负债的必然结果。通过对安然事件的解读，从企业和个人层面分析导致其破产的伦理层面原因，例如违背职业道德、销毁审计档案、隐瞒负债、财务报表造假等。丧失诚信、利益至上的错误价值观，一步步将安然逼上绝路，也让学生们更加明确了伦理问题的重要性以及复杂性。针对安然事件反映出的诚信缺失的问题，课程还将结合上海立信会计金融学院校训"立信"进行开放式的解读和互动探讨。

2. 课程开展（重点结合"诚信理念""爱国情怀"等思政元素）

首先，课程将介绍中外伦理道德的理论概念，并将其与日常金融业工作内容相结合，引导学生思考金融行业中"什么是好的"与"什么是坏的"，通过引入价值判断，帮助学生更好地答疑解惑。同时通过介绍近些年我国为不断规范金融伦理而出台的一系列政策，帮助学生在变化中更好地理解金融伦理。

通过案例介绍金融行业发展创新过程中可能存在的伦理问题。一方面，在全球金融化的背景下，大量金融衍生产品涌现，风险被杂糅到复杂的金融产品之中，以达到风险转移的目的。另一方面金融科技的不断创新发展在提升服务效率的同时，也衍生出复杂多样的伦理问题与潜在风险，给金融创新、金融监管、金融安全带来一系列新的挑战，包括数据安全、信息泄露、大数据杀熟、过度营销等。一些机构利用信息推荐技术，蓄意构建充斥高风险金融产品服务的"信息茧房"，妨碍消费者自主选择，导致"劣币驱逐良币"。案例让同学们意识到很多金融问题都需要通过伦理研究达成伦理共识，形成伦理规范和标准，给予不同争议更多的解释权。

课程开展过程中，学生通过观看金融业经典电影《大空头》中的片段，更直观地了解金融危机爆发与金融伦理之间的关联。《大空头》真实反映了2008年次贷危机的演化过程。次贷危机前，美国为了挽救低迷的经济，长期执行宽松的货币政策，大量印钞，贷款利息低，拉动消费和投资，刺激经济发展，但一系列问题也随之暴露。电影真实反映了当年银行参与的次贷欺诈犯罪活动，展现了资本家的贪婪和资本操作的复杂。纵观中国改革开放的几十年，每个中国人的命运都与国家兴衰息息相关。这激励我们在追求个人职业专业发展的同时，需将个人发展和国家发展相结合。

课程还通过开展课堂小组讨论，引导学生深入思考。设置多个行业违法行为及伦理问题专题，通过案例引导学生思考其中涉及的伦理问题。通过课堂案例分析讨论，学生们发表自己对伦理与法律的看法，认为金融监管需要法治与伦理并举。在地方监管责任日益加大的背景下，地方政府金融服务办公室日益成为防范区域性系统性金融风险的重要力量，担负着地方金融规范化和伦理建设的重任。

最后，在解决对策方面，重点从法律建设、机构设置、网络安全管理、消费者教育等多个方面分析我国在金融伦理规范方面做出的积极努力。

3. 课程实践：参观中国证券博物馆

中国证券博物馆作为我国证券期货行业唯一的国家级博物馆，藏品以股票、期货、债券、基金、期权等市场相关藏品为主，也包括银行、保险等行业相关藏品。中国证券博物馆极具历史底蕴和文化底蕴，对学生们了解金融行业的发展历史，具有积极作用。参观中国证券博物馆能帮助学生们更好地领略金融伦理在历史长河中的重要作用。

教学方法：课堂理论讲解与互动讨论、电影教学、案例分析、走访参观相结合。

四、教学效果

（一）案例开展的意义和价值

通过前期调研不难发现，很多学生在进行金融专业学习时，缺乏系统的金融伦理和商业道德的学习，严重影响了其综合素质的提升。将课程思政内容融入金融伦理与职业道德课程，可帮助学生更好地理解行业准则的设立，更好地实现金融市场健康有序发展。另外，课程主讲人设计了多种课程思政元素，积极探索和学生有效互动的方式，避免了单调的说教，加深了同学对于行业的认知，激发了同学们的爱国热情，增强了职业责任感。

（二）主要成效和特色

把握当代大学生的思想状况和知识体系，有针对性地创新教学模式和内容，使得课程思政更立体、更生动。这种与专业课相融相通的课程思政自带亲切感，转变传统单一讲解职业伦理道德相关内容的方式为深入探讨金融行业中的价值观、国家情感等，这一方面使得同学们更加明确金融从业人员的道德规范，另一方面也激发了他们的家国情怀。

五、启发思考

（一）延续性的思政内容，让思政教育效果更深刻

之后的课程授课中，切忌"胡子眉毛一把抓"，而是要在专业课程内容框架下系统挖掘与之相匹配的系统的思政教育元素。

（二）加强课程互动环节，突出学生主体地位

在课程开展过程中，要避免过多灌输性的课程内容，增强学生的参与感和体验感，不断丰富学生自我体验、自觉创造的过程。

（三）创设思政情境氛围，让课程思政更富感染力

对于伦理和道德的辩证认识与具体直观的事件和形象密切相关，课堂

情境的设置容易引起学生情感上的共鸣。在今后的课程中可以积极进行情境教学的尝试,通过角色扮演等方式让课程思政落到实处。

(四)挖掘更多的实践教育基地,帮助学生更好地理解金融伦理与日常工作实践之间的关系

参考文献

[1] 褚红素.金融伦理与职业道德[M].上海:立信会计出版社,2019:10-22.

[2] 卿定文.基于金融伦理评价的商业银行核心竞争力研究[D].湖南:湖南大学出版社,2018:14-31.

[3] 周明.银行 IC 卡前程似锦[J].中国信用卡,2002(7):16-18.

[4] 何庆华,常树全,丰俊东,等.高校"核信息处理方法"课程思政教学探究:基于新时期教育强国背景[J].教育教学论坛,2002(29):137-140.

[5] 孙恳.两起财务欺诈案引发的启示与反思[J].西部财会,2005(10):59-60.

金融伦理与职业道德"课程思政"典型教学案例
——以河南村镇银行事件为例

黄婉迪　王瑞琦

随着金融市场中各种金融丑闻的频发，将真实案例引入课堂，是对即将步入职场的在校大学生进行金融伦理职业道德课堂思政教育的有效方式。2022年4月18日，河南四家村镇银行陆续曝出存款取现困难、银行系统无期限维护、部分储户被赋红码等问题，新财富集团与银行关联通过真手续假系统骗取储户资金。2022年7月10日，许昌市公安局已查明该银行犯罪交易机制并依法处置，伴随着银保监会的垫付资金公告发布，银行事件接近尾声。在讲授"德行操守"这方面的内容时引入"河南村镇银行事件"，引导学生在金融从业时要遵守从业法律法规，加强自我约束，守好道德底线。

一、教学目标

掌握银行、证券及互联网金融职业道德基本规范的概念、内容，熟悉银行、证券及互联网金融从业人员职业操守要求、基本准则。通过对河南村镇银行事件进行典型案例分析，引导学生树立法治意识和正确的职业道德观念。

二、思政育人目标

（一）设计思路

课程教学不仅要传授基础专业知识，还应深入道德教育，加强社会公德教育和道德评判能力的培养。课程将仔细研读和探究贴近"德行操守"这方面的具体课程思政教学案例，并选择一个合适的案例作为切入点，在教学过程中实现"以德育人，以心入课"。在教学方法上，课程采用案例教学法、行动导向教学法和任务趋动教学法相结合的方式，提倡"以学生为中心"的开放式教育理念，将思政元素与金融伦理与职业道德专业知识有机结合，而教师作为"在群舞中领舞"的角色，负责带动全体学生活跃思维，以实现全面育人的目的。

（二）设计目标

培养学生树立正确的世界观、人生观、价值观，坚守法律底线，不触法律红线，不因一己私利损害企业及行业的稳定发展，加强自我管理，为以后的金融从业打下坚实的基础。

（三）育人主题

弘扬社会主义核心价值观，坚守职业道德，践行行业规范，提高自我道德修养。

三、教学实施

课程以河南村镇银行事件为例，以学生课程展示为主，教师点评讲授知识点为辅，采用线上线下相结合的方式进行开展。其中，线上课程使用超星学习通平台进行教学辅助，包括任务布置、课程讨论、课后答疑问题汇总上传等；线下课程则采取多种教学形式，通过短视频进行问题引导，学生进行课程展示等，充分调动学生的主观能动性。

（一）课前准备

课前，教师把"河南村镇银行事件"的相关阅读材料上传至学习通平台，通知学生完成课前阅读并准备课程展示。学生按照自由组队的方式，每组人数控制在7～8人，展示时长控制在7分钟以内。每组选择本组感兴趣的一个细节或某几个事件的发展过程。展示形式不限，既可以是一个自制短视频，也可以是一场小品，抑或是感悟的汇报展示。与此同时，教师需从课堂互动方面准备课上活动材料。

（二）导入设计

课程将制作一个小视频，简单讲述该事件的起因，在视频的最后设置一个问题。通过生动鲜活且有温度的作品，激发学生们的兴趣。视频结尾的问题可设置为:"河南村镇银行事件的哪一个细节或者过程令你有所感悟,该案例让你总结出从业人员需注意哪些德行操守?"让学生们在学习通平台讨论区发言。通过学生们的讨论,可以了解他们对该事件的理解程度,把握学生对金融行业从业人员德行操守的认知程度。通过学习通平台展示关键词,把学生顺利引导到本章的基本内容上。

(三)课程展示

通过问题将学生引入本章节内容之后,老师可让学生进行分组展示,每两组展示完成后进行简单的总结。接下来,教师引导学生提炼从业人员职业操守要求及基本准则,如,忠于职守、严守信用、廉洁奉公、竭诚服务、顾全大局等。在这个过程中分组展示的教学方式可让每位同学真正感到他们是课堂的主体,是学习的主人,从而充分调动他们的积极性和主动性。

(四)巩固总结

所有展示结束后,教师对所有组的成果从表现形式、创新度等方面进行点评总结,并对银行、证券及互联网金融职业道德基本规范的概念、内容、要求、基本准则进行讲解。

不仅如此,在课程最后教师还要再次引导学生树立正确的世界观、人生观、价值观,时刻保持清醒的头脑。

(五)课后答疑与任务布置

课后教师要求学生归纳总结本节知识点,并发表个人感悟,如"谈谈自己认为最重要的德行操守。""假如你是河南村镇银行员工,遇到类似情况,你会怎么做?""作为在校学生,应该遵守哪些道德规范?"等。课下设置课程答疑,根据学生上课未能理解的部分进行单独讲解。最后,教师将选取部分问题上传线上平台资料库,方便同学阅读。

四、教学效果

(一)案例开展的意义和价值

河南村镇银行事件作为金融市场中的典型反面案例,可警醒每一位同学做到正直诚信、勤勉尽责、自律守法，否则会因小失大，后悔终生。首先，课程的重点不是学习反面教材，而是总结提炼正确的价值取向，通过由反到正，让学生掌握金融伦理与职业道德这门课的知识点。其次，该课程中学生作为"主讲人"，可更好地融入课堂。最后，该课程培养了学生明辨是非的能力，掌握了从业人员职业道德规范、操守要求、基本准则等内容，为未来的职业生涯打下坚实基础。

（二）主要成效和特色

通过访问，学生们认为该案例能够及时反映社会热点问题，对正确价值观的形成起到了积极作用。银行是金融专业学生就业选择的主要方向业之一，从河南村镇银行事件中获得启发，将有利于学生们的职业发展。学生们对课程案例的思政育人元素十分满意，认为这些学习有利于积极践行社会主义核心价值观。

丰富多样的课程展示形式可以激发学生积极参与其中。有的小组选择展示储户与客服人员交流的场景，有的小组对行长违规行为分析，等等，活跃的课堂氛围促进了学生对基础知识点的掌握。

五、启发思考

（一）案例反思

金融伦理与职业道德课程思政教学改革与实践使得教学内容更加丰富，实现了专业教学目标及思政育人目标。学生课堂积极性更高，课程反馈良好。但也存在一些问题，比如课程时间安排上过于紧凑等。对此，可增加学生展示时长，充分挖掘学生潜能等。

在今后的教育中教师可以建立一个案例库，结合时事热点不断丰富，将同类思政元素分类保存。这样就可以根据金融伦理与职业道德课程大纲要求进行匹配，不同章节选取多案例，有助于思政育人的素材和案例的完善。随着案例库的不断丰富，还可以通过归纳总结提取最贴切的思政元素，发挥思政元素的强大育人潜能。除此之外，要对选取时事热点时要进行筛选，保证案例的质量，同时也要结合国家的方针政策及时更新案例教学的思政育人目标，着力培养担当民族复兴大任的时代新人。

(二) 启发思考题

(1) 谈谈自己认为最重要的德行操守。

(2) 假如你是河南村镇银行员工，遇到类似情况，你会怎么做？

(3) 作为在校学生，应该遵守哪些道德规范？

参考文献

[1] 白延红,白帆,郝乾坤,等.基因编辑婴儿的利与弊:生物制药专业生物工程技术"课程思政"典型教学案例[J].杨凌职业技术学院学报,2022,21(2):94-96.

[2] 黄大明.高职金融专业课程教学与金融伦理教育融合分析[J].内蒙古教育,2021(3):41-46.

[3] 蒋昌波.金融市场学课程思政教学设计与实施策略[J].景德镇学院学报,2022,37(5):60-63.

[4] 张新建,程宇,李子卉,等.线上线下混合课程思政教育范式问题的再思考:以微观金融课程群为例[J].当代教研论丛,2022,8(8):59-64.

[5] 刘嘉琪.课程思政视域下应用型高等院校互联网金融课程教学改革探索[J].产业与科技论坛,2022,21(14):206-207.

[6] 董辉,乔春英.应用型本科高校实现"课程思政"的难点与路径探究:以河北水利电力学院国际商务专业国际金融课程为例[J].公关世界,2022(10):26-27.